Jimmy Gill

Mi trauma favorito

Historias de resiliencia

Caza de Libros

Gil Murillo, Jaime
   Mi trauma favorito / Jaime Gil Murillo. -- Edición Pablo Pardo Rodríguez. -- Ibagué: Caza de Libros Editores, 2017.
   214 páginas; 21 cm. -- (Colección especial)
   ISBN 978-958-8919-94-2
   1. Novela colombiana I. Pardo Rodríguez, Pablo, editor II. Serie.
Co863.6 cd 21 ed.
A1565433

   CEP-Banco de la República-Biblioteca Luis Ángel Arango

Colección: Libros Especiales
©Jimmy Gill
  jimmy@jimmythecoach.com
©Caza de Libros 2017

Primera Edición: Caza de Libros Editores, 2017

ISBN: 978-958-8919-94-2

Dirección General: Pablo Pardo Rodríguez
Diagramación: Emilse Herrera Quevedo
Obra de portada: Darío Ortíz Robledo - Título: La Pitonisa
                Técnica: Acuarela sobre papel - 35 x 50 cms - Año: 2003

Caza de libros
cazadelibros@gmail.com
www.cazadelibros.com

Impreso en Colombia en los Talleres de Caza de Libros - Fundaproempresa
Ibagué. Carrera 7A N° 19 - 41 -Tel: (8) 278 8163. Cel.: 310 859 0495
Bogotá. Calle 45A N° 19-26 Palermo - Tel.: (01) 303 2825
Cali. Calle 5A N° 40-60 Tequendama - Tel.: (2) 379 1081
Pereira. Calle 15 N° 5-43 Local 102 Ed. San Marcos. Cel.: 322 638 5602

Ninguna parte de esta publicación, incluido el diseño de la cubierta, puede ser reproducida, almacenada o trasmitida de manera alguna ni por ningún medio, ya sea electrónico, químico, mecánico, óptico, de grabación o de fotocopia, sin permiso previo del editor.

*Dedico este libro a Dios, por sembrar este sueño en mi corazón.
A mi esposa e hijos, quienes han estado a mi lado
y me han visto luchar por sacar este libro adelante.
A mis viejos del alma por sus enseñanzas
y por todo lo que de ellos he aprendido.
A mis amigos quienes me han apoyado
y a todos los que me brindaron su ayuda
para hacer de este sueño una realidad.
A todos ellos dedico este libro con todo
mi amor y agradecimiento.*

Índice

Agradecimientos..9
Introducción...11
Prólogo: El despertar...17

PRIMERA PARTE: Coleccionando traumas......................27
El huerfanito de Blanca..29
Usted no es familia..37
La calle..45
La bomba...53
Ídolos de cantina...61
El colegio...67
Enfrentando al monstruo..77
El mejor publicista del mundo..85
Soñando con ser "traqueto"..93
Santo no hay nadie en esta vida...................................101
Vendedor de seguros..109
"Bartolito", el Renault 6..117

SEGUNDA PARTE: El despegue....................................125
¡Por un antojo de ceviche!..127
El primer fracaso profesional.......................................135
Buscando una salida...143

TERCERA PARTE: El renacimiento...........153
El terremoto...........155
¡Plan B!...........163
Luchando con el inglés...........169
Limpiando baños...........177
Pobres con dinero...........183
En bancarrota, pero feliz...........193
La bendición de mi desgracia...........201
Conclusión: Mi trauma favorito...........209

Agradecimientos

Al Creador, a esa Inteligencia suprema que coordina todo de manera perfecta, aunque no lo podamos ver.

A Sandra, mi amada esposa, y a mis hijos por su apoyo durante todo este proceso. Sin su paciencia, no hubiera podido terminar este proyecto.

Especial agradecimiento a mi padre, Elías Gil, y a mi madre, Gloria Stella, por la relación que hemos construido con los años.

A mi madre, Blanca, quien desde el cielo siempre me está dando una mano.

A cada uno de mis familiares y amigos, y a todos aquellos que de manera directa o indirecta mencioné en este libro, porque cada uno de ellos es una pieza clave de esta historia.

Introducción

Esta historia no es solo mi historia, es la de muchas personas que podrían verse reflejadas en ella; cuenta con detalle una serie de hechos aparentemente trágicos o negativos que me sucedieron, y cómo el tiempo y la ayuda de un ser superior me enseñaron que solo ocurrieron por mi bien, pues cada miedo y cada trauma por los que pasé me trajeron enseñanzas, me fortalecieron y me brindaron la oportunidad de ser mejor cada día.

Mi trauma favorito es un testimonio de crecimiento personal, una prueba real del poder que tenemos todos de moldear nuestra realidad, de ser resilientes. Y una muestra de que el libre albedrío del que hablan muchas religiones puede ser a la vez nuestra mayor bendición y nuestra mayor desgracia, ya que siempre estamos eligiendo, incluso cuando optamos por no hacer nada y dejar las cosas como están.

Como verás, en cada capítulo narro una parte de mi historia y al final hago una breve reflexión acerca de algo que aprendí, ya sea en el mismo momento o tiempo después. El lector se puede enfocar en las historias y a partir de ellas hacer sus propias reflexiones; o, si lo prefiere, leer solo las reflexiones y relacionarlas con sus propias vivencias.

No tengo nada que esconder ni nada de qué arrepentirme. Entiendo y acepto todo lo que me ha pasado sin catalogarlo como bueno o malo, solo como algo perfecto, algo que tenía que pasar para que yo aprendiera una lección y mejorara como ser humano. No importa que tan fuerte, dolorosa, trivial, impactante, gratificante o afortunada fuera la situación; cada una de ellas tuvo una razón de ser y es una pieza de mi rompecabezas. Sin todas y cada una de ellas, mi vida estaría incompleta.

He aprendido que los hechos no son como son, sino como cada uno los recuerda. Es por eso que dos o más personas recuerdan un mismo evento de manera distinta y de acuerdo con el momento que estaban viviendo. Los hechos que aquí relato son mi versión, los recuerdo así y así me ayudaron a ser quien soy hoy en día.

A raíz de la muerte de mi madre y de las circunstancias que se presentaron después, viví durante algún tiempo situaciones de confusión, abandono emocional, abusos sicológicos, etc. Para algunos, mi historia puede parecer un viaje de placer, mientras que para otros puede parecer un infierno. Todo depende de la perspectiva de cada cual. Para mí, después de tantos años, es simplemente una historia perfecta.

A las personas que crean que no tienen la fuerza, la voluntad o el valor que yo tuve para modificar mis circunstancias, para moldear mi entorno, solo puedo decirles que mientras sigan creyendo eso, así será. Yo también lo creí durante mucho tiempo, hasta que entendí que esa era la primera señal de que estaba asumiendo el papel de víctima en mi propia historia. Y entendí también lo que decía Henry Ford: "Tanto si piensas que puedes como si piensas que no puedes, estás en lo cierto".

Ahora entiendo en qué momentos de mi vida asumí el papel de víctima y en cuáles el de protagonista. Puedo también diferenciar cuándo lo hice de manera consciente o inconsciente. También tengo muy claro que aún no se ha escrito el último capítulo de mi vida y por eso mismo no puedo esperar hasta que esta historia llegue a su fin para empezar a contarla.

Crecí escuchando cuentos de toda clase, ficticios y reales; no solo los relatos de brujas y duendes del folklore de mi tierra, sino las historias de nuestros ancestros, de los abuelos y de mi padre, que contaban anécdotas fantásticas de su infancia, cargadas de nostalgia y sabiduría. Aventuras que narraban las dificultades que tuvieron que superar, los amores que dejaron en cada pueblo y los peligros que enfrentaban por los caminos y veredas del campo colombiano, cuando los atravesaban a lomo de mula vendiendo cacharros y buscando oro al mejor estilo de la cultura paisa[1].

Desde que tuve uso de razón, vi a familiares y amigos en fincas y fiestas compartir sus recuerdos mientras disfrutaban de un café tinto o de una copa de aguardiente. Me transportaba a las épocas de las que hablaban y me encantaba imaginar los detalles, las personas y los lugares que describían en cada historia.

Desde entonces me atraen mucho las historias, especialmente las de amor. Me gusta saber cómo se conocieron y por qué terminaron juntas dos almas que llevaban rumbos distintos. Me enamoro de sus amores y lloro con sus tristezas con una facilidad enorme. Y, sobre todo, me gusta saber qué dificultades vivieron y cómo las superaron.

Esta curiosidad me ha llevado a ahondar en la vida de amigos, familiares y clientes en la medida que me lo han permitido; he tomado nota y he crecido con sus memorias. También los he cuestionado y he ayudado a muchos a entender su situación y a mejorar sus condiciones compartiendo algo de mis propias experiencias.

---

1 Término con el que se describe a la gente nativa de cierta zona de Colombia, cuyos ancestros desarrollaron una economía esencialmente comercial y minera.

Me gustan también los cuentos que dejan un lindo mensaje y, en general, trato de encontrar la enseñanza en cualquier historia que se me cruce en el camino. Pienso que la historia de cada ser humano, tanto si parece excitante como aburrida, tiene un mensaje de crecimiento y de éxito que puede ayudar a quien la escuche. En mi caso, cada historia que ha llegado a mi vida ha aportado algo a mi propio crecimiento.

He tratado también de educar a mis hijos con esa tradición oral. Cuando eran niños, cada vez que podía les contaba un cuento del abuelito Arcesio, uno del abuelito Elías o uno mío; les leía una historia o me inventaba un relato que les dejara alguna enseñanza antes de dormir. Siempre me la pedían y yo lo hacía con el mayor de los gustos.

Y, ahora, con ese mismo gusto me presto a contarte mi historia, que como te decía al principio es también la historia de muchas otras personas. Lo hago con la esperanza y con el deseo de que pueda serte provechosa. Y que te ayude a entender tus traumas y verlos desde una nueva perspectiva: más amena, más constructiva y más positiva.

"La historia de cada ser humano, tanto si parece excitante como aburrida, tiene un mensaje de crecimiento y de éxito que puede ayudar a quien la escuche".

Prólogo: El despertar

La carta: ¿destino o coincidencia?

Hacía pocos meses que había llegado al mundo nuestra hija Sofía. Corrían los últimos años de la década de 1990 y vivíamos en Pereira, una pequeña ciudad incrustada en el corazón de Colombia, que por aquella época era el centro del desarrollo cafetero de este hermoso país.

Desde hacía días, las abuelas nos decían, refiriéndose a Sofía:

—¡La niña está muy amarilla! Pónganla al sol...

Pensamos que eran cosas de abuelas y no hicimos mucho caso, hasta que un día vino a casa un médico amigo, Jorge Luis, y sentenció:

—Compadre, no lo quiero asustar, pero la niña está muy amarilla.

Me dio una lista de pruebas de laboratorio para que se las hiciéramos y fue muy enfático al decir que debía ser "cuanto antes". Sentí el tono de preocupación en su voz, así que de inmediato le hicimos caso. La llevamos a la clínica para hacerle los exámenes y tras una primera valoración decidieron hospitalizarla. El corazón se nos quería salir del pecho.

Mientras esperábamos sin saber qué pasaba adentro, nos sentíamos bastante confundidos. El temor de enfrentar la pérdida de nuestra hija recién nacida nos martirizaba. Fue un tiempo eterno y angustioso.

Cuando por fin pudimos hablar con el especialista nos indicó que tenían que hacerle una transfusión de sangre. Se la hicieron y después de eso, afortunadamente, Sofía empezó a recuperarse.

El doctor que la atendía nos dijo:

—¡Es un milagro que esté bien! Si ustedes creen en Dios, denle gracias, porque los niveles de bilirrubina a los que llegó la niña eran suficientes para causarle la muerte o un daño cerebral irreversible.

A veces siento que desde el cielo alguien siempre me está ayudando.... Ese día cerramos nuestros ojos y con lágrimas dimos las gracias a Dios, abrazados en la sala de espera de aquella fría clínica. La hospitalización nos había dejado un poco sensibles. Todavía no podíamos creer que casi perdemos a nuestra hija.

Una vez en casa, mientras organizaba unas cajas con papeles, fotos y recuerdos que teníamos guardadas en un clóset, pensé en lo frágil que es la vida. Y por un momento me sentí el hombre más afortunado del mundo, pues mi mujer y yo estábamos enamorados, teníamos salud, dos hijos preciosos y la tranquilidad que puede brindar un empleo estable.

Entonces, mientras hurgaba en aquellas cajas llenas de objetos antiguos, sucedió algo curioso: encontré un recipiente metálico ovalado que hacía muchos años no veía. Instintivamente lo abrí... El olor que salió de la caja me trasladó de inmediato a mi infancia y a la vieja casa familiar del barrio Granada de Cali. Era un olor a cerrado, imposible de describir con exactitud, pero inconfundible para mí: el aroma de mi alcoba, la que había sido de mi hermana Amparo y que yo ocupé cuando ella se fue. Miré adentro y encontré un montón de papeles, entre ellos una carta que Blanca, mi fallecida madre, había enviado a su tía Raquel dos meses antes de morir. Estaba escrita de su puño y letra. La carta no llegó a su destino por tener la dirección incompleta. Llevaba un sello de devolución de la oficina postal de los Estados Unidos. Fue retornada cuando ya mi madre no pudo enterarse de que no había llegado al destino.

Recordé entonces aquella época de mi infancia, aquellos momentos de soledad y tristeza en que le reprochaba a Dios que me hubiera quitado a mi madre siendo tan pequeño, en que lleno de ira contra Él me metía en el cuarto sin que nadie me viera y abría aquel armario de metal gigante donde yo sabía que estaban guardadas las cosas de mi mamá. Esculcaba entre sus objetos tratando de encontrar algo que trajera a mi mente algún recuerdo suyo. La extrañaba sin conocerla, sin poderla recordar; me ponía sus lentes oscuros, su abrigo de piel, sus guantes y encima de ellos sus anillos. Hacía un esfuerzo enorme tratando de buscar en mi memoria su rostro. Cerraba mis ojos con fuerza para hallar en algún rincón de mi memoria la imagen de una madre amorosa de la que todos hablaban, para evocar su belleza, sus manos, la dulzura de su voz... Pero mi esfuerzo era inútil.

Mirando la caja y la carta recordé también las discusiones con mi hermana muchos años después, cuando ya éramos adultos. Ella siempre decía que para mí la vida había sido más fácil porque yo no recordaba a mi madre. ¡Sentía una rabia enorme cuando la escuchaba decir aquello! Al menos ella y mis hermanos podían cerrar los ojos y recordar su olor, sus palabras; yo no tuve jamás una imagen clara de ella. Lo hubiera dado todo por tener aquellos recuerdos de los que ellos se querían deshacer, recuerdos que los atormentaban.

Así que allí estaba yo, sentado al borde de la cama con la caja a un lado y la carta entre mis manos, mirándola, movido por un deseo incontenible de leerla, pero sin acabar de reunir el valor para hacerlo. Estaba seguro de haber superado el vacío de mi madre, pero aún así sentía una gran ansiedad en aquel instante. Finalmente me decidí y la leí. En ella, mi madre contaba el drama que estaba viviendo. Sabía que su muerte estaba cerca, pero prefería creer que no era así; narraba sus ingresos en el hospital, las advertencias del médico para que dejara de fumar, la inminencia de su muerte si no renunciaba al cigarrillo... Aún así, ella seguía fumando. Contaba los enfados de mi papá cuando se enteraba de que fumaba al escondido, la angustia y el tormento que representaba saber que se iba a morir y el gran dolor que le producía dejar huérfano al "americanito" (o sea, yo), que apenas tenía cuatro años. Por supuesto que sus otros tres hijos le preocupaban, pero ella sabía que había escogido un muy buen padre para ellos y confiaba en que los iba a sacar adelante.

Mientras leía empecé a llorar como un niño inconsolable. Trataba de imaginar qué pudo cruzar por la mente de mi padre cuando a sus cuarenta años debió enfrentar la muerte de su esposa y quedarse solo con cuatro hijos, sin dinero, pues no tenía seguro de vida, viviendo en un país extranjero, sin hablar bien el idioma y con la poca tolerancia que había hacia los inmigrantes en aquella época en los Estados Unidos. De inmediato imaginé lo desgarrador y difícil que sería para mí quedarme viudo con dos hijos en mi situación actual. Solo de pensarlo sentía escalofríos. ¡Y eso que estaba viviendo en mi país, en mi propia cultura, cerca de mi familia y de mi esposa y con un buen seguro de vida! No pude más que sentir un gran respeto y admiración por mi viejo. Por fin pude entender por lo que había tenido que pasar tras la muerte de su esposa.

Durante la lectura de la carta lloré como un niño desconsolado. Hacía muchos años que no lloraba de aquella manera, y más todavía por algo relacionado con mi madre. Esta vez, sin embargo, no eran lágrimas de dolor por su ausencia, sino más bien de pena por identificarme con el drama que habían tenido que afrontar los dos seres que me dieron la vida. Por primera vez, de manera consciente, dejé de sentirme como una víctima, como un niño que tuvo que crecer sin el amor de su madre. Era cierto que nunca podría recordar a qué olía ni su caminar ni el sonido de su voz, pero por lo menos ahora podía entenderla y recordar para siempre su letra y su forma de escribir...

Luego de secarme las lágrimas llamé a Sandra, mi esposa, y leí de nuevo la carta con ella. Esta vez lloró conmigo, sintiendo mi dolor y el de Blanca, después de todo ella era madre y podía identificarse con las experiencias que relataba. Yo, como padre, pude entender el desespero de mi papá en aquellas circunstancias, las decisiones que tuvo que tomar en un momento tan doloroso, decisiones que hasta entonces yo creía equivocadas.

En ese momento tomé la decisión de revisar a fondo mis vivencias, porque entendí que había establecido mis creencias basándome solo en lo que yo había vivido, y que a partir de ellas había actuado y tomado mis propias decisiones. En ese instante tuve una revelación: que en mi vida, a pesar de haber estado expuesto a tantos acontecimientos negativos, tuve siempre la capacidad transformar cada situación en algo positivo para mí. Gracias a ese descubrimiento, ahora tengo la certeza de que detrás de cada desgracia hay una bendición, y que todo hecho del pasado se puede transformar en algo positivo.

Dicen que aprendemos a ser hijos cuando nos convertimos en padres, pues solo entonces podemos entender lo que nuestros padres vivieron con nosotros. Y creo que es muy cierto. Al terminar de leer la carta de mi madre, una gran cantidad de preguntas acudieron a mi mente: ¿cómo era posible que no hubiera visto aquella carta antes siendo que había abierto aquella caja muchas veces? ¿Era una coincidencia? ¿Por qué razón la carta había caído en mis manos en aquel preciso momento? De alguna forma entendí que aquella carta "tenía" que llegar a mí cuando lo hizo, ni antes ni después, sino justo en aquel momento en que estaba viviendo en la misma ciudad que la tía Raquel, quien todavía estaba viva y muy lúcida a pesar de su avanzada edad. Mi misión era entregarle la carta, y eso hice. Comprendí entonces que todo era perfecto, que se había cerrado un ciclo, que nada sucede por azar...

Después de la ira, el dolor, el sentimiento de abandono y mis reproches al Creador por la muerte de mi madre, había llegado a un punto en el que podía recordar el hecho sin dolor, sin ninguna emoción negativa. Y empecé a entrar en una fase que no conocía, la del agradecimiento. El ciclo del perdón se cierra realmente cuando logramos agradecer el mal aparente. Pude en aquel momento dar gracias a Dios por haber perdido a mi madre a la edad de cuatro años y no más tarde, cuando probablemente el recuerdo de su voz o la imagen de su cara hubieran estado más arraigados en mi memoria. Seguramente habría resultado más doloroso para mí crecer sin mamá, como seguramente lo fue para mis hermanos, que aún la recuerdan.

REFLEXIÓN

A simple vista, podría parecer una tragedia que un niño se quede huérfano a la edad de cuatro años. Sin embargo, gracias a este hecho entendí realmente el valor y la importancia que tiene una madre en el desarrollo de un ser humano. Crecí viendo a mi madrastra darle a mi hermano menor un amor que no me podía dar a mí y que yo añoraba. Aunque fue doloroso, ahora como padre puedo entender que las cosas tuvieron que suceder así para que yo pudiera procurar un espacio similar a mis hijos.

A veces comparamos nuestra tragedia y nuestro dolor con el de los demás. A nuestro ego le encanta este juego, pues nos ayuda a reafirmarnos en nuestro papel de víctima. O bien nos produce cierto sentimiento de superioridad cuando vemos que una persona con un problema que consideramos "inferior" al nuestro no puede superar sus circunstancias como lo hicimos nosotros. Si nos parece que nuestro dolor es mayor o más fuerte que el dolor del otro y esa persona logró superar su pena, buscamos entonces una excusa para restarle importancia al sufrimiento ajeno y sentir que somos víctimas de una circunstancia más difícil que la del otro, lo cual se convierte en una buena excusa para quedarnos donde estamos y no buscar una salida.

Es hora de despertar, de entender que cada persona vive su propio proceso y que tenemos que respetar la manera como cada quien decide sobreponerse a sus temores y frustraciones. Si alguien nos pide ayuda, podemos compartir con ellos nuestro proceso, pero eso no quiere decir que sea la solución para el caso de esa persona.

Del episodio de la carta aprendí que las coincidencias no existen, que cada cosa que me ha sucedido es perfecta, que cada hecho ocurrido en mi vida es en realidad una oportunidad para aprender algo. Fue la primera vez que de manera consciente solté el papel de víctima y empecé a aceptar lo sucedido. Fue como el principio del despertar...

PREGUNTAS PARA CRECER

El primer paso en este camino del perdón y la aceptación es reconocer esos hechos que aún nos lastiman después de tanto tiempo. A continuación te propongo algunas preguntas que pueden ayudarte en este sentido:

- ¿Cuál es ese hecho del que prefieres no hablar, ese suceso de un pasado distante o cercano que al recordarlo te agita la respiración y te causa una gran molestia?

- Después de tanto tiempo, ¿por qué le das todavía tanto poder y dejas que te altere?

- ¿Qué crees que tiene que suceder para que esa reacción cambie?

- ¿Cómo te fortaleció esa experiencia?

Te invito a que escribas las respuestas en una libreta donde puedas revisar tus palabras más adelante.

"Aprendí que las coincidencias no existen, que cada cosa que me ha sucedido es perfecta, que cada hecho ocurrido en mi vida es en realidad una oportunidad para aprender algo".

PRIMERA PARTE
Coleccionando traumas

El huerfanito de Blanca

La primera imagen clara que tengo en mi memoria es la de una casa vieja en el barrio Granada de Cali[2]. Era de color verde claro, de estilo colonial español, con un corredor largo a la entrada, las habitaciones esparcidas al lado derecho y un patio interior en baldosa blanca con vetas rojas. Más adelante estaba el comedor y luego la cocina; atrás, otro patio con un lavadero en cemento gris en el que mi abuela enjuagaba sus recuerdos, y bien al fondo lo que llamaban el solar, que me parecía inmenso y donde mi imaginación de niño daba rienda suelta a sus fantasías y a sus temores.

Esta fue la casa a la que llegamos con mis hermanos después de la muerte de mi madre.

No sé qué día salimos ni en qué momento arribamos, solo tengo unos cuantos recuerdos de cuando jugábamos y correteábamos por ahí y alguna que otra imagen de mi abuela escurriendo un par de trapos en el lavadero mientras tarareaba la lancha, su canción favorita, y trataba de enseñarme la canción del elefante que se columpiaba sobre la tela de una araña…

Lo siguiente que recuerdo es estar en otra casa, vieja como la primera pero de dos pisos, con muchos cuartos y rincones

---

2 Cali es la capital del departamento del Valle Del Cauca, en el sudoeste de Colombia.

perfectos para jugar al escondite. Bajo las escaleras tenía un cuarto oscuro en el que guardaban toda suerte de cosas viejas y en el que las cucarachas trepaban por las paredes como huyendo de los demonios del suelo y podían caerle a uno encima desde el techo. Era como ese cuarto oscuro que todos tenemos en la mente y al que nos da miedo entrar. Trataba de mantenerme alejado de aquel sitio, lo odiaba, detestaba su olor, un olor a humedad y a nido de cucaracha. Me producía miedo, mucho miedo...

El resto de la casa me parecía agradable, aunque los ruidos que salían de sus viejas vigas de madera me hacían creer que estaba también habitada por fantasmas.

Los despertares eran dulces. El baño era casi siempre en el lavadero del patio, con agüita caliente que la abuela había ordenado calentar para bañar al niño. Mientras el agua derramada con totuma[3] sobre mi cabeza recorría mi cuerpo tembloroso, veía sobre la silla la camiseta blanca de franela, la pantaloneta, las medias y los tenis de marca Croydon con los que me vestirían una vez terminado el baño; todo blanco como un palomo, peinado de lado generalmente con limón. Luego Marta, la empleada, una niña de raza negra que le habían regalado a mi abuelita para que terminara de criar, estaba a cargo de llevarme a pie hasta el Espíritu Santo, el colegio que quedaba a dos cuadras, donde cursé el *kinder*, o sea, la formación pre-escolar.

Un par de horas después, cuando salíamos a recreo al patio del frente de la escuela, allí estaba Marta, esperándome con una taza de cereales Kellogg's con leche. Esas eran las medias nueve. Doña Melba, la directora del colegio, era una señora bastante dulce y agradable, y siempre tuve la idea de que tenía un trato

---
3 Recipiente en forma de taza que se hace con la corteza del fruto del árbol de totumo.

preferencial conmigo; ella era la que nos cuidaba durante los descansos. En general fue una infancia feliz cargada con la magia del amor que solo las abuelas saben dar...

—¿Ese es el huerfanito de Blanca?

Preguntaban curiosas las personas que venían a visitar a mi abuela o a las tías cuando me veían pasar por allí.

—¡Qué pesar de ese niño criarse sin mamá! —decían.

—¡Eso debe ser muy duro! —insistían, como queriendo reforzar su idea.

Yo las escuchaba, pero no podía sentirme triste, no entendía por qué se suponía que era duro. Después de todo era el niño de la casa y tenía toda la atención, el amor y el cuidado que necesitaba. Era feliz como la mayoría de los niños a los cinco o seis años de edad. No recordaba nada de mi madre ni entendía mucho el drama ni los conflictos de la gente mayor. Instintivamente trataba de acercarme a aquello que me hiciera sentir bien y alejarme de lo que me hiciera sentir mal o me lastimara. Encerrado en mi mundo, no prestaba mucha atención a los dramas y conflictos de los grandes, solo escuchaba de vez en cuando la cantaleta de las tías y sus discusiones con mis hermanos, mayores que yo, pero sin entender las razones.

Una noche, mientras jugaba con una bolita de ping-pong, en uno de sus brincos la pelotica fue a parar al plato de sopa que comía el tío Renán, quien vivía allí con nosotros. Su furia fue inmediata y se abalanzó contra mí con la intención de pegarme. De inmediato mi hermana Amparo, que se encargaba de protegernos como si fuera una leona, se enfrentó al tío y le lanzó a la cara una taza de avena que estaba tomando, insultándolo...

—¡Ve este solterón hijueputa, al niño no me lo vas a tocar!

Después me llevó corriendo al baño, donde se encerró conmigo a esperar que se calmaran los ánimos. Su idea era salir cuando ya no hubiera riesgo de ser castigada con "la pretina", una especie de correa de cuero deshilachada que era el instrumento de castigo favorito de los abuelos.

Yo no entendía por qué "los grandes" casi siempre estaban bravos o de mal genio. Por lo general, cuando nos hablaban era para regañarnos, amenazarnos o reprocharnos algo.

Esa noche, cuando ya estábamos acostados en nuestra alcoba, mi hermana Amparo se levantó gritando asustada. Sintió unos golpes en las manos y pensó que había sido Blanca, nuestra madre, que desde el más allá había decidido reprenderla por su comportamiento. Cuando se lo comentó llorando y asustada a una de las tías, lo único que recibió fue otro reproche...

—¡Muy bueno, culicagada de mierda! ¡Eso le pasa por grosera!

No puedo decir que recuerde el episodio como algo traumático o que me marcara, pero al parecer dejó algunos resentimientos que solo el tiempo se encargó de aliviar.

Y así fui creciendo, alimentando traumas, temores y creencias que me bloquearon o me privaron de algunas cosas buenas de la vida, entre ellas la lectura. Por aquella época solía leer un libro de páginas amarillentas y bordes mordidos por las polillas que me asustaba pero me gustaba a la vez, porque me introducía en el mundo de la fantasía y me relajaba mientras imaginaba lo que estaban narrando. Hasta que una mañana de sábado, mientras jugaba en el patio de la casa, tumbé alguna de las prendas de vestir que se estaban secando y mi abuela me envió a mi cuarto y me dijo que me pusiera a leer. Mientras subía a mi alcoba, me detuve en el descansillo a escuchar la conversación entre mi abuela y mis tías. Una de ellas le reprochó a mi abuela:

—¿Mamá, a usted cómo se le ocurre castigar a estos niños poniéndolos a leer? ¿No ve que van a crecer pensando que la lectura es un castigo?

Se me quedó grabada esta última frase y a partir de ese momento creí, efectivamente, que la lectura era un castigo, y decidí no disfrutar de ella por muchos años en mi vida. Una decisión que me afectó como estudiante de una forma terrible.

Más adelante, al alcanzar la edad adulta, pude identificar de dónde provenía mi indiferencia hacia los libros y me di a la tarea de cambiar esta creencia, para así mismo cambiar el comportamiento que había tenido y generar uno de los cambios más positivos en mi vida: el amor por la lectura.

REFLEXIÓN

Llegamos a este mundo solo con dos miedos instintivos. El primero es el temor al vacío, que podemos comprobar fácilmente cuando exponemos a un bebé a una sensación de vacío o caída, como lanzarlo al aire o algo así. El segundo es a los ruidos fuertes, que generalmente nos asustan.

Los demás temores los vamos recogiendo de las personas que nos rodean a medida que crecemos y nos exponemos a esa "programación", primero en el hogar y el entorno familiar y luego en la escuela, con los amigos, etc.

Pocas veces nos detenemos a cuestionar de dónde vienen nuestros miedos y frustraciones. Normalmente encontramos una excusa para justificarlos y creemos que no es posible cambiarlos. Así, acabamos cargando con ellos toda la vida, como si fueran nuestros traumas favoritos.

Algunas personas tienen la capacidad de romper esos esquemas de manera instintiva, mientras que otras tienen que pedir ayuda para superarlos, pero estoy convencido de que todos tenemos la capacidad de vencerlos. La clave está en que realmente nos cansemos de cargarlos.

PREGUNTAS PARA CRECER

Para aprender a superar tus miedos, te invito a que examines tus respuestas a las siguientes preguntas:

- ¿A qué tienes realmente miedo?
- ¿De dónde proviene, en qué momento te creíste esa historia?
- ¿Puedes describir con claridad la situación contraria a tu miedo? ¿Cuál es?

"Normalmente encontramos una excusa para justificar nuestros miedos y frustraciones y creemos que no es posible cambiarlos. Así, acabamos cargando con ellos toda la vida, como si fueran nuestros traumas favoritos".

Usted no es familia

—¡Niños, mañana llega su papá!— anunció la voz de alguna de las tías, más con un tono de advertencia para que nos portáramos bien durante su visita que de buena noticia.

Me daba mucha alegría cuando me decían que mi papá venía a visitarnos de Nueva York (donde estaba viviendo su propio drama). Por lo general me traía un juguete nuevo, lo que representaba una inmensa alegría para mí. La vez anterior me había traído un camión a pilas que prendía las luces y sonaba la corneta como los de verdad. No recuerdo si esta vez hubo juguete. Tal vez por el impacto de la gran sorpresa que traía, que me marcó para siempre: mi padre de pie mirándome y junto a él Gloria, su nueva esposa, con un bebé en los brazos...

—¡Vea jovencito, esta es su nueva mamá con su nuevo hermano, ¿oye?!

Sabía que se había casado y hasta había visto las fotos, pero no pensé que eso representara tantos cambios. No esperaba que llegara de repente. Realmente no esperaba nada... Había escuchado que regresaríamos a los Estados Unidos y que viviríamos con mi nueva mamá. Luego me dijeron otra cosa: que iríamos a vivir a una casa que habían comprado en el barrio Pampa Linda, en Cali, que por entonces quedaba en las afueras de la ciudad. Yo quería irme para esa casa nueva y bonita, pero no fue así. Sin saber por qué, de un momento a otro nos quedamos mi papá, mis hermanos, mi nueva mamá y yo en la casa vieja y fea del barrio Granada, con sus cucarachas y mis miedos, mientras que los demás se fueron. Los abuelos y dos tías se mudaron a un pequeño departamento. No supe qué pasó con los demás, a esa edad uno no le presta atención a esas cosas. Solo noté que ya no tenía el amor diario de mi dulce abuela, ni más baños con agüita caliente por las mañanas ni peinadas con limón para ir a misa.

Ahora formábamos un nuevo hogar en el que había dos personas nuevas, Gloria Stella, mi madrastra, y Felipe Andrés, mi nuevo hermanito. Jhoyner mi hermano mayor, se había regresado a Nueva York en unas condiciones confusas, en medio de unas discusiones que no pude entender hasta muchos años después... Durante más de catorce años no volví a ver su cara, y de no ser por las fotos que enviaba y las pocas cartas que cruzamos, hubiera llegado a creer que se trató de una fantasía de infancia, de un amigo imaginario o algo así.

Al principio, la convivencia con Gloria Stella fue difícil, y a medida que pasó el tiempo se puso peor. A veces tiene que ser así antes de que todo se mejore de una vez por todas. Ahora el desayuno caliente, los baños con agua tibia, las caricias, el amor y todas las atenciones eran para Felipe, el nuevo niño de la casa. Ya no estaba mi abuela a mi lado para consentirme como lo hacía mi "nueva madre" con su hijo.

—¿Cómo amaneciste hoy, mi amor?— le decía Gloria Stella a Felipe mientras le acariciaba la cabeza con la ternura propia de una madre hacia su hijo, mientras le daba el desayuno y lo acompañaba, mientras le brindaba amor, amor de madre...

Veía la escena y, aunque quería aquel trato para mí, de alguna manera intuía que aquel tipo de amor no se podía pedir ni aun menos exigir, solo se podía brindar si nacía del alma...

De repente llegaban a mi mente las frases que en algún momento escuché a las visitas ocasionales de mi abuela: "El huerfanito de Blanca... Pobrecito ese niño... Debe ser muy duro criarse en este mundo sin el amor de una madre...". Era como si el eco las hubiera atrapado entre aquellas paredes viejas de la casa y ahora salieran a perseguirme.

Aunque ya tenía nueve o diez años, fue entonces cuando noté por primera vez la ausencia de Blanca, mi madre. Supuse que ella debió cuidarme de la misma manera antes de morir, pero no lo recordaba. Solo recordaba a mi abuelita Ana, que hacía poco tiempo me había estado dando todo aquel amor que ya no tenía. ¿Qué pasó? Trataba de entender y no encontraba respuesta.

Aunque mi nueva madre no me daba el mismo cariño y amor que le daba a su hijo biológico, tampoco podía acusarla de maltrato o abuso, eso hubiera sido injusto. Además, reconozco que para ella no debió ser fácil lidiar con mi rebeldía y mi altanería, a veces alentadas por algunos de los antiguos habitantes de la casa, que me preguntaban acerca de ella y me incitaban a que la enfrentara:

—¡Dígale así: váyase de esta casa, que esta casa no es suya! Esta casa me la dejó mi mamá para que viviéramos aquí con la familia... ¡y usted no es familia! Pero le dice, ¿oyó?

Asentía, pero era incapaz de decirle aquellas cosas. Aunque a veces quería hacerlo, en el fondo sabía que no sería bueno para nadie. Manifestaba mi rabia y mi rencor de otras formas: con portazos, contestaciones airadas a sus críticas a mi desorden y pisotones fuertes a la hora de subir las escaleras en medio de discusiones. Todo lo hacía a propósito: quería provocarla, que se le colmara la paciencia y se marchara de allí y volviera la abuela. Pero ya la suerte estaba echada: la abuela se había ido y yo tenía que enfrentar mi nueva realidad.

Gloria, sin embargo, nunca replicaba ni me preguntaba por lo que me decían mis tías. Al contrario, siempre procuraba mantener la familia unida, pero solo lo noté con los años. Esa tranquilidad es algo que aprendí de ella y hoy le agradezco.

En medio de todo aquel caos emocional había una pequeña luz. Era alguien con quien entraba en contacto ocasionalmente, el ángel que mis padres habían escogido como mi madrina de bautizo. Era la encargada de aportar una voz dulce y cariñosa en una época en que los adultos que me rodeaban me corrían de su lado sin ninguna consideración. Más aún, no tenían ningún problema en expresar su fastidio e incomodidad por un niño mocoso y sudoroso que se les acercaba en busca de cariño.

—¡Ay, quite de aquí, culicaga'o de mierda, que usted está todo sudado; fó, vaya báñese!—.

Mi madrina, Rosalba Delgado, siempre tenía una palabra cariñosa conmigo. No me veía con mucha frecuencia, pero ejercía sus funciones religiosamente, manifestándose siempre con un regalo en las fechas especiales y dirigiéndose a mí de manera amorosa y con un cariño genuino. Ella y su familia, por lo menos en lo que yo veía, se convirtieron por muchos años en el modelo de hogar que yo quería para mí. En muchas ocasiones le pregunté a Dios por qué no había nacido en aquella familia y por qué ella no podía ser mi nueva mamá.

REFLEXIÓN

Los niños no se quedan pequeños para toda la vida: crecen y recuerdan lo que los adultos les dijeron, cómo los hicieron sentir y el ejemplo que les dieron. Como adultos, somos formadores de esos niños, independientemente del rol que desempeñemos en sus vidas (padres, tíos, hermanos, profesores, etc).

Es nuestra responsabilidad procurarles un buen ejemplo desde la consciencia y no desde el deber; es decir, hacer lo correcto delante de ellos porque estamos en paz y armonía con nosotros mismos, porque tenemos consciencia de hacer el bien deliberadamente, y no como algo que hacemos solo cuando nos están viendo. Ellos, los niños, aprenderán viendo cómo nos relacionamos con los demás y con el mundo.

Una infancia difícil es en la mayoría de las ocasiones la excusa perfecta para una adolescencia problemática y para una madurez llena de frustraciones, pero no tiene por que ser así. Lo que a veces nos cuesta trabajo ver es que esas dificultades son las que están moldeando nuestro carácter y definiendo nuestra personalidad. Es nuestra decisión, nuestra y de nadie más, tomar las riendas de nuestro pasado y transformarlo en nuestra mayor fortaleza, convertir la adversidad en oportunidad, la maldad en bondad, el abuso en amor. Para eso no hay escuela, solo hay maestros que aparecen en nuestras vidas en la medida en que estemos listos para aprender.

PREGUNTAS PARA CRECER

Piensa en esto:

- ¿Cuáles son tus acciones o reacciones cuando estás en presencia de niños?

- ¿Qué tan similar es tu conducta a la que presenciaste cuando eras niño por parte de tus adultos?

- ¿Cómo te hacían sentir los mayores cuando eras chico y cómo crees tú que se sienten los niños cuando están interactuando contigo?

"Es nuestra decisión, nuestra y de nadie más, tomar las riendas de nuestro pasado y transformarlo en nuestra mayor fortaleza, convertir la adversidad en oportunidad, la maldad en bondad, el abuso en amor".

La calle

A muy temprana edad encontré una gran amiga, una vía de escape a todo el drama y la confusión que vivía en mi casa: la calle. Allí pasé la mayor parte del tiempo entre mis nueve y mis catorce años.

Poco o nada podía hacer mi nueva madre por evitar que me fuera para la calle. Bastante tenía cuidando a su pequeño y tratando de mantener la casa limpia pese al desorden de sus tres hijastros. Eso sin contar con las dificultades que pudiera estar viviendo en su relación de pareja con mi "inquieto" padre.

Fueron muchas las veces en que, al caer la tarde, Gloria Stella salió caminando con su hijo terciado en sus caderas, gritando angustiada mi nombre por la calles del barrio, tratando de encontrarme para que me entrara y así evitar una confrontación en casa cuando llegara mi padre. Yo no sabía si admirar sus buenas intenciones o sentirme mal por su ingenuidad... Pocas veces Elías, mi papá, llegaba a casa temprano, y cuando lo hacía no era precisamente para compartir con sus hijos.

Mi rutina diaria al llegar del colegio consistía en comer un par de bocados del almuerzo frío que me esperaba en el horno, tirar el morral bajo la cama y salir a mi cita diaria con el mundo... En esa época de la adolescencia en que la calle se volvió mi mejor aliada, los amigos del barrio o la gallada[4] eran los que me daban sentido de pertenencia. Fue allí donde aprendí las malas mañas, donde aprendí a defenderme, donde aprendí muchas cosas de la vida.

Sin la supervisión de un adulto responsable fueron muchas las locuras que hicimos y muchos los riesgos a los que estuvimos expuestos. Entre travesuras típicas de la juventud y la osadía que nos llevó hasta el vandalismo y un poco más allá, al borde de la delincuencia, fue casi un milagro que no terminara detenido, malherido o muerto, como sucedió con algunos de mis amigos del barrio. Como te dije antes, pienso que desde el cielo alguien me estaba echando una mano.

Boquisucio, bebedor y parrandero, mi padre andaba siempre armado y recurría fácilmente al castigo físico ante cualquier falta de sus hijos. Además, daba permiso para castigar de la misma forma a cualquier figura de autoridad como profesores y familiares.

Frases como "¡estos hijueputas vagos que ninguno sirve pa'mierda!" o "¡vea esos hijos de Fulano como salieron todos de buenos estudiantes y estos malparidos de aquí no hay de que hacer un caldo...!", eran frecuentes en las discusiones y en los regaños que nos ganábamos.

Como muchos de mi generación, crecí teniéndole miedo a mi padre. Casi siempre que lo veía estaba de mal genio; cuando estaba en la casa yo trataba de no cruzarme con él porque sabía que el grito o el regaño no se haría esperar. Para él, sus hijos eran los peores, no entendía por qué no podían ser buenos estudiantes y portarse bien como los hijos de los demás. Las comparaciones estaban siempre a la orden del día y por lo general sus hijos siempre llevábamos las de perder. Era de esos hombres que pensaba que para ser buen padre bastaba proveer

---

4 Grupo de amigos, pandilla.

comida, techo y ropa a sus hijos, nada más. Siendo el mayor de once hermanos aprendió a valerse por sí mismo desde muy joven y se forjó un carácter muy fuerte, el cual no tenía ningún reparo en mostrar, especialmente frente al volante.

Recuerdo dos fiestas familiares que se vieron interrumpidas por el alboroto y la gritería de varias personas tratando de detener a mi papá para que no fuera a lastimar al ladrón de turno, en una de esas ocasiones se llevó al hampón a cachazos[5] por la calle hasta la inspección de policía del barrio, donde lo dejaron volar. Los reclamos airados a los agentes por la fuga del bandido por poco le hacen pasar la noche detenido.

Después de un tiempo dejó de cargar su revólver, y como yo era tan "esculcón[6]", descubrí que lo guardaba en el segundo cajón de su nochero. De ahí lo saqué una vez a plena luz del día, cuando no había nadie en casa, para usarlo contra un ladrón que trataba de robarse unas luces del carro de los vecinos, que eran familiares de mi padre. El hombre estaba acurrucado tras el carro tratando de aflojar la lámpara que se quería llevar, ni cuenta se dio de que lo vi. Tomé el arma entre mis manos y le apunté desde el balcón del segundo piso a la espalda, monté el martillo del arma y empecé a presionar el gatillo apuntando muy bien. Mi pulso era firme, mi respiración tranquila y en el último segundo, algo, no sé exactamente qué, me hizo cambiar de parecer y terminé haciendo el disparo al aire.

No fue un acto de contrición o una voz interna que me dijera que eso estaba mal hecho, ni el pensar en las consecuencias de mis actos. Insisto, pienso que alguien desde el cielo me estaba cuidando y no quiso que yo lastimara a otro ser humano. El delincuente huyó calmadamente, como si no fuera con él, mientras yo le gritaba un par de groserías al mejor estilo de Elías. Ni los vecinos ni mi padre se enteraron del asunto.

---
5 Golpes propinados con la agarradera del revólver.
6 Persona que esculca, que registra para buscar algo oculto.

REFLEXIÓN

Es importante que estemos pendientes de lo que aprenden nuestros hijos a través de otras instancias, pues no solo aprenden en las escuelas. También aprenden de los profesores, de las interacciones con otros niños y de las experiencias que estos niños están teniendo con los adultos que les rodean, así como de sus interacciones con las redes sociales y la exposición a los medios de comunicación. Las redes hoy en día son el equivalente a "la calle" para las generaciones anteriores.

Existen tres instancias del aprendizaje que creo que son las que más influyen en la formación de todo nuestro sistema de creencias. La primera de ellas es la imitación, que es como venimos programados para aprender de manera natural. Aprendemos a caminar y a comer como lo hacen los adultos, a base de observarlos y tratar de imitarlos, especialmente en nuestros primeros años de vida; hay casos de niños adoptados, por ejemplo, que terminan pareciéndose a sus padres adoptivos en muchos gestos y ademanes.

La segunda es la repetición. Le damos mucha importancia, aunque no necesariamente es la más eficaz. Aprendemos mediante la repetición, ya sea por lo que nos dicen o vemos constantemente. La mayoría de los sistemas escolares se basan en este esquema. No creo conocer a alguien que se haya aprendido las tablas de multiplicar de otra forma que no haya sido repitiéndolas.

La tercera forma de aprendizaje, a mi parecer la más profunda de las tres, es la experiencia. Es tan fuerte el impacto de experimentar algo que incluso con una sola vez puede dejar una marca casi indeleble en nuestra mente y hacernos cambiar por completo lo aprendido a través de los otros dos modos de aprendizaje. Una sola experiencia puede hacernos temer o amar para el resto de la vida algo que amábamos u odiábamos anteriormente.

PREGUNTAS PARA CRECER

Te invito a que pienses cuál ha sido tu proceso de aprendizaje a estos tres niveles en ámbitos como el sexo, la religión, la familia, el amor, el dinero, la profesión, la maternidad/paternidad, los negocios, los deportes, el alcohol, las drogas, la política, etc. ¿Cuál es la diferencia entre lo que observaste, lo que te dijeron y lo que experimentaste?

- ¿Eres consciente del nivel de influencia que estas tres instancias del aprendizaje están teniendo en el desarrollo de tus hijos?

- ¿Están nuestros hijos recibiendo una educación que incentiva su curiosidad innata o que cercena su creatividad?

- ¿Qué estoy haciendo activamente por los niños que me rodean, aunque no sean mis hijos?

Por pequeña o insignificante que nos parezca cualquier acción que hagamos, puede tener un gran impacto en la vida de un niño y en su futuro como persona.

"Una sola experiencia puede hacernos temer o amar para el resto de la vida algo que amábamos u odiábamos anteriormente".

La bomba

Aquella mañana estaba durmiendo muy tranquilo cuando de repente escuché la voz de Gloria Stella:

—Jimmy, Jimmy, levántese que necesito que vaya a recoger una olla donde Lucy.

Estaba en esa edad en que te toca hacer los mandados. Y no importaba el momento que eligieran, siempre me parecía el peor.

Aún somnoliento y con el pelo parado salí de la vieja casa del barrio Granada a traer la olla que me había encargado mi madrastra. Tenía que recogerla donde Lucy, una prima de mi padre que vivía en el barrio; cuando venía de regreso, me sorprendí al ver que la calle estaba cerrada al final de la cuadra y no me dejaban pasar.

Era a principios de la década de 1980. Yo tendría diez u once años y no entendía bien lo que estaba pasando. Había policía por todos lados. Les pregunté y me dijeron que habían puesto una bomba que podía destruir toda la manzana, y por su descripción del lugar parecía que era mi casa. Yo solo había visto explosiones y bombas en las películas, así que me pareció algo emocionante. Aún no sé cómo me escabullí entre la guardia, pasé el cordón de seguridad y llegué al frente de la casa.

Ahí estaba mi familia, con un gran tumulto de gente. Policías, reporteros y curiosos se aglomeraban alrededor de mi papá.

Por lo que supe después, la bomba, programada para estallar a la madrugada, no estalló. Nunca se supo por qué, como tampoco quedó claro si iba dirigida a nosotros o a un consulado extranjero que quedaba en la calle siguiente. Algunos investigadores sugirieron que al tratar de ponerla en el edificio de los diplomáticos, los delincuentes se asustaron y en su huida la abandonaron en nuestra casa, con tan buena suerte que no se activó a la hora indicada. También se podía pensar que el artefacto explosivo iba dirigido a mi padre, dada la sociedad que poco tiempo atrás había formado con un grupo de inversionistas para la construcción de un parque de diversiones. Se trataba de un gran proyecto, una megaobra para la época; algo que cambiaría la historia de la región. Ya habían creado la sociedad, que se registró como Diverlandia Ltda. Para ese efecto se había adquirido la hacienda Los Valcanes, a cuarenta y dos kilómetros de la capital del Valle del Cauca, en Colombia, en la vía a Popayán.

Ese era el gran sueño de Elías y había encontrado por fin quien creyera en él y lo financiara. Ya con el terreno comprado estaban listos para empezar, pero el asunto de la bomba desató un acalorado debate entre los miembros de la junta directiva, que provocó la disolución de la sociedad y obligó a mi padre a buscar una nueva estrategia.

Una vez acabada la reunión, uno de los inversores se acercó a mi padre y le propuso ejecutar la idea, pero a menor escala y en sociedad con él. Se trataba de su hermano, "el Tío", quien por esa época estaba introduciéndose en el tristemente célebre negocio del narcotráfico, el mismo que tanto daño le ha causado a la imagen de nuestro país, el que ha ocasionado tantas muertes y tanta violencia. Un negocio que paradójicamente fue aceptado por muchos de los industriales y gran parte de la sociedad de esa época, pero al que le voltearían la espalda años después gracias a la corrupción, la conveniencia y la doble moral que abunda en nuestra cultura. De ahí salió el dinero con el que se financió en gran parte la construcción del primer centro recreativo y acuático del occidente de Colombia. Es posible que fuera el primero en su clase en el país, pues por esos días habían abierto un parque similar en Melgar, cerca a Bogotá, pero no era de la magnitud del que vi construir.

Mi padre, el mismo ogro que describí antes, el señor al que tanto temía, era un hombre sin conocimientos de ingeniería como para embarcarse en una locura semejante, pero construyó una maqueta en yeso de lo que sería la atracción principal: los toboganes. Aún recuerdo lo orgulloso que se sentía el día de la inauguración. Lo vi luchar por ese sueño y hacerlo realidad. Fue un gran logro que nació de una idea aparentemente descabellada, pero lo consiguió a pesar de las adversidades.

De pequeño jugué en esas tierras con mis hermanos y mis primos, con las tías y los abuelos. Allí pasamos fines de semana, celebramos fechas importantes y muchísimas navidades. Fuimos todos testigos de la transformación que sufrió el paisaje para dar a luz ese negocio que trajo tantas broncas entre los adultos y a la vez tanta alegría a la vida de los niños, adolescentes y jóvenes de mi generación. Allí trabajamos, crecimos, nos enamoramos... Tanto familiares como amigos cercanos tuvimos la oportunidad de bailar, reír y llorar. Y todos quedamos con una historia que marcó nuestras vidas.

REFLEXIÓN

Nos demos cuenta o no, terminamos imitando o rechazando la educación que recibimos durante nuestra infancia. En mi caso, a medida que fui creciendo pude notar cómo había optado por rechazar muchos comportamientos nocivos que rodearon mi niñez, como tomar licor, los abusos y la ira constante, entre otros. Inicialmente no lo hice de manera consciente, pero a medida que transcurría el tiempo noté que algunas de mis acciones y mis decisiones eran diferentes.

Durante mucho tiempo creí que no era posible cambiar algunos aspectos de mi carácter, pues "los llevaba en la sangre". Hasta que alguien me cuestionó y me hizo ver que yo había elegido de manera inconsciente un camino distinto al de los ejemplos que viví, y que tenía el poder de cambiar aquello que antes creía que era parte de mi carácter.

Con los años, también descubrí que había rechazado algunas cosas buenas que vi en mi padre, como trabajar siempre de forma independiente y tener la visión de su propio negocio. Tal vez por eso crecí siempre con la idea de hacer carrera a nivel corporativo y no como empresario. Tardé muchos años en darme cuenta de eso, pero como nunca es tarde para empezar, me di entonces a la tarea de buscar mi independencia.

No hay nada malo en soñar con ser empresario o ser independiente, lo importante es que soñemos desde la consciencia y el amor por lo que queremos lograr en vez de hacerlo desde la inconsciencia y el deseo de evitar aquello que tememos.

PREGUNTAS PARA CRECER

Es importante analizar en contexto toda la educación que recibimos en nuestra infancia y adolescencia. Muchas de nuestras creencias se forjan allí. Te invito a que respondas estas preguntas y observes si se asemejan a lo que viviste o si por el contrario están rechazando ese entorno.

- ¿Cuáles son esos comportamientos nocivos que observaste de niño, que estás repitiendo y que crees que no puedes cambiar porque son "hereditarios"?

- ¿Cuál es ese comportamiento o acción en el que te sorprendes siendo "idéntico" a alguien que te influyó mucho en tu infancia?

- ¿De verdad crees que no hay nada que puedas hacer para cambiar algo de tu personalidad que no te gusta? ¿Cuál es la excusa que te estás creyendo?

"Alguien me cuestionó y me hizo ver que tenía el poder de cambiar aquello que antes creía que era parte de mi carácter".

Ídolos de cantina

Aún recuerdo cuando mi papá llegaba a casa de madrugada, completamente ebrio tras una de sus noches de farra. Todavía no logro entender cómo hacía para entrar el automóvil en el estrecho garaje que teníamos sin hacerle un rayón. Le tocaba salir por la puerta del pasajero, pues la del conductor no se podía abrir por quedar contra la pared. Normalmente llegaba con pollo o chuleta caliente y la música en su carro a todo volumen con canciones de Julio Jaramillo, Olimpo Cárdenas y Los Trovadores de Cuyo, entre otros exponentes de la música popular criolla. Todos ellos eran sus "ídolos de cantina".

Gloria Stella, mi madrastra, bajaba de su cuarto medio dormida, no sé si para asegurarse de que su esposo estaba bien o de que las puertas y los cerrojos habían quedado debidamente cerrados. A veces nos quedábamos ella y yo acompañando a mi papá mientras terminaba de comer y escuchando sus historias... Ahí se quedaba sentado, cabizbajo, con los codos apoyados en las rodillas de sus piernas entreabiertas, con una presa de pollo en la mano, espantando al perro, que quería robársela, y cantando esas canciones que de tanto escuchar terminé por aprenderme. Luego de un buen rato, teníamos que empujarlo entre mi madrastra y yo por los veinticuatro escalones de madera de la vieja casa, con mucho cuidado de no dejarlo caer, subiendo tres y retrocediendo dos. La misión podía tomarnos perfectamente unos quince a veinte minutos de forcejeo y al final hasta risas y miradas de complicidad que terminarían acercándonos en la edad adulta.

Lo que para algunos podría ser una situación traumática, para nosotros ya se había vuelto algo cotidiano y a veces hasta divertido. Muy pocas veces vi a mi padre volverse agresivo cuando tomaba. Por lo general era agradable y se le alborotaba el amor por sus hijos, en especial por mí, tal vez porque estaba a su lado. Sin embargo, una noche, en medio de su borrachera, empezó a afirmar mientras golpeaba con un puño la mesa de la sala como en señal de autoridad:

—¡Aquí en esta casa mando yo, y primero estoy yo, segundo yo y tercero yo, hijueputa! Y al que no le guste que se largue para la puta mierda...

Luego sacó su revólver e hizo un disparo al aire dentro de la casa, lo cual pudo haber ocasionado una tragedia, pues había gente en el segundo piso, pero afortunadamente la bala quedó incrustada en una viga de madera y el incidente no pasó a mayores. Eran los últimos remanentes de las épocas en las que al hombre de la casa no se le podía reprochar nada. No importaba si estaba en lo correcto o no. Como decían por ahí, el que manda, manda... Aunque mande mal.

No recuerdo haber mencionado algo a este respecto durante muchos años. Jamás escuche a Gloria Stella reprocharle este comportamiento a mi padre, si llegó a hacerlo, yo no estaba presente. Creo que fue la primera vez que tomé consciencia de lo peligrosa que puede resultar la combinación de licor y armas de fuego.

Eran más frecuentes sus episodios de ira cuando estaba sobrio. Por lo general, trataba a su esposa de una manera que tal vez yo no hubiera tolerado si se tratara de mi madre; me causaba algo de indignación, pero el miedo que le tenía me impedía enfrentarlo. Además, no tenía con Gloria Stella tanta cercanía como para defenderla. Creo que fue una suerte, porque de ser mi madre no quiero imaginar lo que habría podido suceder...

Todo aquello, unido a los frecuentes insultos, provocó en mí un gran resentimiento y mucha ira, aunque con el tiempo me sirvió para tener una claridad absoluta sobre lo que quería construir para mí cuando tuviera la oportunidad de formar mi propio hogar, que no se parecería a aquello.

Fue tan abrumadora la cantidad de miedos e inseguridades con los que crecí que un día tuve que enfrentarlos, porque sentía que ya no podía continuar mi vida de aquella manera. Simplemente me cansé de vivir atemorizado por todo... Cuando estás en medio del desierto a punto de morir de sed, en lo único que piensas es en agua, aunque no la veas por ninguna parte. Haces todo lo que puedes, das tu máximo esfuerzo más allá de lo que crees posible por encontrarla. Así eran mis ganas de paz, de amor y de seguridad. Eso me llevó a encontrarlas, aunque en aquel momento no las viera por ninguna parte... Sería injusto decir que nunca hubo espacios de amor o mimos en aquella época. Los hubo, en especial cuando yo era más chico. Recuerdo la palabra de cariño que mi padre usaba conmigo, cuando estaba de buenas pulgas o con unos tragos en la cabeza... Me llamaba su "cucarrata" linda; yo no sabía qué quería decir esa palabra, simplemente la asociaba con cucaracha, en mi opinión, el insecto más repugnante que existe, pero me gustaba cuando me la decía porque sentía que venía impregnada de ese amor que yo quería ver y sentir con más frecuencia.

También recuerdo los "parrangachangalas", unos bailes que mi viejo le hacía a los bebés de las nuevas generaciones que iban llegando: nietos, hijos de amigos y demás. Los sentaba en una mano y los elevaba en el aire mientras los sacudía levemente por las caderas para que se les movieran los pies. Por lo general ocurría en fiestas familiares o en la finca donde teníamos la oportunidad de jugar con los primos y hacer travesuras con ellos.

Las épocas de fin de año eran las más especiales, nos reuníamos con toda la familia y estaban todos los hermanos y los sobrinos. Podíamos oír de nuestros adultos esos cuentos de brujas y espantos que nos quitaban el sueño pero que no podíamos dejar de escuchar, aunque al irnos a dormir tuviéramos pesadillas.

REFLEXIÓN

Al analizar la educación y el ejemplo que nos dieron nuestros padres, muchas de las personas de mi generación piensan que es más lo que tendríamos que perdonar que lo que habría que agradecer.

A esas personas por lo general les digo: los errores que han cometido en el proceso de nuestra crianza no provienen habitualmente de la maldad, sino de la inconsciencia o de la ignorancia. Nuestros adultos, la mayoría de ellos, hicieron lo mejor que pudieron con los recursos que tenían mientras trataban de sobreponerse a sus propias frustraciones y dificultades. Mientras crecemos nos resulta muy fácil culparlos por sus desaciertos y nos llenamos de resentimiento; no nos damos cuenta de que al hacerlo estamos perpetuando el círculo vicioso.

Nos corresponde a nosotros romper el ciclo, perdonar sus equivocaciones y asegurarnos de no cometer los mismos errores con nuestros hijos o cuando entramos en contacto con cualquier niño, pues todo lo que hacemos ante ellos les puede marcar mucho más de lo que creemos.

PREGUNTAS PARA CRECER

- ¿Puedes identificar algún "comportamiento erróneo", o que no te gustara, de los adultos con los que creciste y que ahora podrías estar repitiendo sin darte cuenta?
- ¿En qué consiste?
- ¿Cómo te sientes cuando te sorprendes repitiendo ese comportamiento?
- ¿Qué puedes hacer para corregirlo?

"Los errores que han cometido en el proceso de nuestra crianza no provienen habitualmente de la maldad, sino de la inconsciencia o de la ignorancia".

El colegio

Del Espíritu Santo pasé al Colegio Franciscano de Fray Damián Gonzáles, en el centro de Cali. El primer año allí fue agradable, pues estaba la tía Esperanza como profesora y directora del curso, y además compartía pupitre con mi primo Eric. Son los primeros recuerdos de mis días de colegio y tal vez los únicos agradables que tengo, ya que el resto de la escuela primaria y el inicio de la secundaria transcurrieron entre el matoneo (o *bullying*, como se le conoce en inglés), ya fuera evitándolo cuando era pequeño o ejerciéndolo cuando ya había crecido un poco.

Recuerdo pasar la mayor parte de mis descansos escondiéndome de los más grandes para evitar que me quitaran la pelota con la que jugábamos, la lonchera o el turno mientras hacía la fila para comprar en la tienda del colegio. En esos primeros años la misión en los recreos era evitar a toda costa las peleas. También viví mis primeros fracasos amorosos, dada mi timidez para acercarme a las mujeres.

Las cosas cambiaron al cabo de dos años, cuando me convertí en uno de los "grandes" debido a que había repetido dos cursos. Las ínfulas de adolescente y las malas influencias de los amigos del barrio me llevaron a ser bastante atrevido e impertinente con los profesores y los curas, sobre todo cuando se trataba de asuntos religiosos o de disciplina, lo que ocasionaba frecuentes suspensiones, castigos y malas notas.

También se empezaron a vislumbrar mis aptitudes como comerciante, pues empecé a vender toda clase de artefactos que me encontraba en el *necessaire* de mi mamá, que tenía guardado mi hermana junto a todas sus pertenencias y que contenía la sorpresiva carta que solo encontré muchos años más tarde en Pereira.

Fueron en total nueve años cursados en Fray Damián. Aun reprobando dos años, me permitieron continuar en el colegio, pero repitiendo el segundo año del bachillerato. Tuve la buena fortuna de que los directivos del colegio me dejaran terminar el año escolar, aunque claramente merecía que me expulsaran.

La amenaza constante de mi papá era:

—¡Aquí el que no estudie, se va pa'l monte a coger café! ¡Yo vagos no voy a mantener en esta casa!

Ya había visto salir a dos de mis hermanos de la casa por no querer estudiar. Por esa razón yo estaba convencido de estar viviendo mis últimos días como estudiante. Pero al final cambió de idea, no sé por qué, y me inscribió en el Colegio Americano de Cali, un lugar donde no conocía a nadie ni sabía lo que me esperaba. Este cambio fue fundamental en la transformación que viví. Fue como llegar al paraíso. En el primer colegio habían sesenta estudiantes por salón y cerca de siete salones por curso, mientras que el nuevo solo había dos salones de cuarenta alumnos cada uno. La mayoría eran mujeres, muchas de ellas bastante atractivas y todas muy amigables. No estaba acostumbrado a tanta belleza...

Estaba acostumbrado a profesores que solo llamaban a los estudiantes por su apellido, como si se tratara de un recinto militar, y que exigían que nos dirigiéramos a ellos con cierta reverencia: profesor Gonzáles, licenciado Arias, reverendo Gaviria... Así que encontrarme con profesores que me llamaran por mi nombre y que me corrigieran si los llamaba por su título y apellido fue un gran impacto positivo para mí.

Recuerdo una anécdota que ilustra esta diferencia de trato. Hacía poco que había llegado al colegio cuando un día entró la profesora de geografía, se sentó en su escritorio, abrió la libreta con los nombres de los alumnos y dijo:

—A ver... ¡Jimmy! Muéstrame los mapas que teníamos de tarea para hoy.

Improvisé cualquier disculpa, que por supuesto era inventada y lo parecía. Esperaba que me remitieran a la oficina del prefecto de disciplina o algo así, como habría sucedido en el colegio anterior ante un incumplimiento semejante, pero fue así. La profesora me llamó a su escritorio:

—¿Qué le pasó mijo, por qué no trajo la tarea hoy?

En realidad no tenía una razón de peso para no haber hecho mi tarea, aparte de mi habitual irresponsabilidad. Por eso, me quedé perplejo cuando, después de guiñarme el ojo en señal de complicidad, me dijo:

—A ver, tráigamela para la siguiente clase. Pero eso sí, se la califico sobre ocho.

Poco o nada me importó esa condición. Hice la asignación con tal gusto y calidad que al día siguiente me lo reconoció ante toda la clase:

—Miren que bien hechos están estos mapas... ¡Un aplauso para Jimmy!

Me quedé paralizado. Nunca en mi vida, por lo menos que yo recordara, había sido reconocido por algo. Fue tal el efecto de aquel reconocimiento que, por primera vez en mi vida, recibí de mi papá unas felicitaciones por el reporte de notas del primer periodo:

—Siempre pierde siete materias y ahora solo perdió tres... ¡Pues lo felicito!

Fue todo lo que dijo mi padre. No hubo gritos, no hubo drama y, aunque sarcástico, el comentario era cierto.

Ese año salimos por primera vez de vacaciones en familia, un hecho que sin duda contribuyó también a mi cambio de actitud. Ya se habían ido de casa todos mis hermanos mayores y solo quedábamos el menor y yo. Al viaje se nos unió la abuela Marucha, la mamá de Gloria Stella, una viejita dulce y alcahueta de esas que expresan el amor sirviéndote un buen plato de comida. Hicimos el viaje a Ecuador por tierra y fue muy agradable. Tengo muy buenos recuerdos porque las cosas estaban cambiando. Mi padre, que tantas veces se había negado a comprarme unas deportivas Nike, en aquel viaje accedió a hacerlo. Eso representaba un estatus para un adolescente de la época.

Las consideraba tan importantes que por tratar de defenderlas en un robo callejero resulté levemente herido. Ya varias veces me habían robado en la calle, pero esta vez no estaba dispuesto a entregar algo que representaba tanto para mí. Mis zapatos eran casi el símbolo de un premio, de una nueva etapa en mi vida, por lo que me armé de valor, forcejeé como pude con el hampón de turno, le pegué un golpe y salí corriendo. En medio de mi inexperiencia y del susto, no vi que me había cortado con el filo de su cuchillo en el estómago. Era solo una herida superficial, pero la sangre, combinada con el sudor de varias cuadras de carrera, hacía que pareciera algo más grave.

El susto que se llevó mi padre al verme hizo que accediera al fin, entre gritos y reproches, a pagarme las clases de artes marciales que hace tiempo venía pidiéndole.

—¡Vaya y matricúlese en esa joda! ¡Es capaz de hacerse matar por unos malditos zapatos!

El cambio de colegio y la entrada en la academia de artes marciales representaron un cambio de rumbo muy importante en mi vida. Estos dos hechos me alejaron de la calle y de los malos amigos. Y la disciplina del Hap—Ki—Do (arte marcial koreano), que practiqué por cuatro años, me resultó muy útil más adelante.

REFLEXIÓN

Hay hechos en nuestras vidas que nos pasan desapercibidos y que, vistos con detenimiento, tienen más trascendencia e impacto de lo que creemos. Así, por ejemplo, de un hecho tan aparentemente puntual como el intento de robo de unos zapatos, terminan saliendo cosas tan determinantes en la formación de una persona como el ingreso en una academia de artes marciales. Gracias a ese acontecimiento, en apariencia intrascendente, pude forjar la resistencia, la personalidad y el carácter para después fundar un hogar donde el amor y la disciplina son los elementos fundamentales de la formación de mis hijos.

La disciplina sin amor puede convertirse fácilmente en tiranía, por eso es importante que tomemos consciencia del tipo de educación que estamos dando a nuestros hijos, no solo en los espacios académicos, sino en el hogar y en la familia.

La mayoría de las veces, como padres, confundimos la firmeza con el mal genio y el hastío. Gritamos a nuestros hijos llenos de rabia y frustración porque no somos capaces de ser firmes y disciplinados, sino hasta que ya no aguantamos más, hasta que "nos agotaron la paciencia". Por eso nos volvemos permisivos y terminamos asociando la firmeza con el mal genio y la disciplina con los gritos.

Si de verdad amamos a nuestros hijos, debemos aprender a establecer límites y a ejercer disciplina y autoridad sin rabia, sin la molestia que genera nuestra propia permisividad con ellos. Es muy importante que adquiramos consciencia y participemos activamente en la formación emocional de nuestros hijos, entender que la mayoría de los centros educativos están solo enfocándose en un crecimiento lineal de la parte académica y no necesariamente en un crecimiento orgánico, completo, de nuestros herederos. Por eso es muy importante estar presentes en la vida de nuestros hijos todo el tiempo. Es nuestra responsabilidad como padres ayudarles a identificar y desarrollar sus talentos. El problema es que hemos dejado esta importante labor a las escuelas y los profesores, tal vez porque ni nosotros mismos tenemos claros nuestros talentos y capacidades.

PREGUNTAS PARA CRECER

- ¿Recuerdas alguna circunstancia en tu vida que aparentemente no tuvo importancia y finalmente resultó ser muy trascendente?
- ¿Podrías reconocer alguna circunstancia así en estos momentos?
- ¿Crees que es coincidencia o casualidad que estés leyendo este libro ahora?

"La disciplina sin amor puede convertirse fácilmente en tiranía, por eso es importante que tomemos consciencia del tipo de educación que estamos dando a nuestros hijos, no solo en los espacios académicos, sino en el hogar y en la familia".

Enfrentando al monstruo

Aquel día amanecí decidido: iba a enfrentar el peor de mis miedos. Ya estaba cansado de que todo fuera siempre a los gritos. Me visualicé hablando serenamente con mi padre y respondiendo con tranquilidad aún si él empezaba a gritar. Ya no temía que me pegara, como cuando era más pequeño. Había crecido y había aprendido a "pelear", aunque no tenía ninguna intención de usar contra él ninguna de las técnicas aprendidas en la escuela de artes marciales, le respetaba mucho. Antes de hacerlo me iría de casa.

Me repetí mentalmente durante todo el día las respuestas que le daría a cualquier improperio o agresión si se presentaban. Era la hora de enfrentar al monstruo, mi monstruo, el que yo había creado en mi mente alrededor de mi padre...

Ese día mi papá llegó a casa temprano, estaba acostado en su cama viendo la tele, gracias al control remoto. Atrás habían quedado los días en los que de un alarido me hacía venir desde el primer piso o desde cualquier rincón de la casa a cambiarle los canales del televisor. Ya estaba oscuro, por la ventana veía iluminadas las tres cruces del cerro que vigilaba nuestra casa y que son un símbolo de la ciudad de Cali. Respiré profundo, me armé de valor, me eché la bendición, un poco de saliva detrás de las orejas (a alguien le escuché que era de buen agüero) y entré a su cuarto. Me paré a su lado y lo miré a la cara; me miro brevemente, y dirigió de nuevo su mirada a la pantalla.

—'Apá... Es que necesito hablar con usted —dije en un tono suave y conciliador.

—¡Ahora no puedo, estoy ocupado viendo las noticias! —gruñó como un perro viejo al cachorro que se le arrima a su plato, y siguió viendo su noticiero.

—¡Bueno, pues yo soy su hijo y creo que debo ser más importante que lo que está viendo! Por favor, déjeme saber cuando termine porque de verdad quiero hablar con usted —fue lo que se me ocurrió decirle mientras me alejaba de su lado. El susto me había hecho olvidar todas las respuestas que tenía preparadas.

El corazón se me quería salir del pecho, ni siquiera en las peores travesuras que hice en la calle durante mis días de vándalo había sentido tanto pavor. Estaba enfrentando el peor miedo de mi vida en aquel momento. Justo cuando cruzaba la puerta escuché el sonido del televisor al apagarse y su voz grave diciendo en un tono menos agresivo y con algo de curiosidad:

—¿A ver, qué es lo que quiere?

Volví a su lado, me senté y lo primero que le dije fue que quería hablar con él sin gritos y sin peleas. Había ciertas cosas que yo creía que debían mejorar en la casa y se las comenté; para mi sorpresa estuvo bastante receptivo y no hubo drama. Hablamos por un buen rato, le informé además de mi decisión de no fumar, no consumir drogas y no tomar licor. Le dije que entendía lo difícil que le resultaba confiar en mí, dada la experiencia que había tenido con mis tres hermanos mayores, pero que esa era mi decisión y esperaba que la respetara.

También le dije:

—No me gusta cuando usted le dice a sus amigos en las fiestas que yo no parezco hijo suyo, que parezco marica, cuando ellos me insisten para que me tome un trago de aguardiente y yo me niego.

Luego añadí:

—Si a usted le gusta el aguardiente, tómeselos todos, pero a mí no me gusta y no voy a tomar... Y le pido el favor que respete mi decisión.

Y seguí:

—Entiendo que usted me revise los ojos cuando llego tarde de la calle o de una fiesta y estoy dispuesto a seguir con eso hasta el día en que usted se convenza que NO lo voy a hacer. ¡Y del cigarrillo ni hablemos! A mí el cigarrillo no me gusta, además me dejó sin mamá; así que no me interesa fumar...

Me escuchó en completo silencio, no sé si sorprendido por mi osadía o impactado por todas las cosas que le dije. Creo que llegamos también a algunos acuerdos de la hora de llegada cuando salía a fiestas y otras cosas. El desahogo fue total, salí de ahí con aire triunfal, feliz.

Al poco tiempo, en una de nuestras fiestas familiares, un primo suyo me insistía en que me tomara un trago con él. Llegó mi padre y le dijo orgulloso:

—¡Vení, yo me tomo el trago de él! Ese muchacho es un verraco, no toma desde que se metió a esas güevonadas de karate...

Y se lo llevó para otra parte.

A partir de entonces nuestra relación empezó a mejorar. No nos hicimos los mejores amigos, pero aprendí que por las buenas era más fácil. Sin saberlo, sin ser consciente de que lo estaba haciendo, empecé a romper el ciclo, a cambiar mi entorno. Más adelante entendería que todos nacemos con esa capacidad y desarrollaría de manera consciente la habilidad para hacerlo y enseñar a otros a conseguir lo mismo.

Con aquel episodio descubrí que mi viejo nunca había aprendido a dar un consejo sin regañar y que su forma de expresar amor era diferente a la que yo esperaba, pero que aun así sentía por sus hijos verdadero amor. Hoy en día gozamos de una relación armoniosa basada en el respeto y el amor. Lo abrazo y beso como contemplando a un niño y disfrutamos de momentos muy agradables. Los años han logrado sanar cualquier herida, y con el tiempo he podido entender que su comportamiento y sus palabras procedían de la convicción de que estaba haciendo lo correcto en ese momento. El tiempo lo ha transformado en una persona práctica, llena de sabiduría, tranquilidad y experiencia.

REFLEXIÓN

La agresividad no siempre proviene de la maldad. Muchas veces nace del miedo, del temor al cambio, a ser descubiertos. Por lo general es un mecanismo de defensa más que de ataque. La persona agresiva casi siempre está tratando de encubrir algo, en muchos casos una incapacidad para comunicar los sentimientos de la manera adecuada para no lastimar a los seres amados.

Por otra parte, el inconformismo, la angustia y la tensión de las situaciones difíciles que vivimos en nuestra infancia o en cualquier instancia de la vida nos pueden llevar al punto de tener que enfrentar nuestros miedos más grandes. Y puede que detrás de eso encontremos seres humanos con temores y remordimientos que estaban tratando de hacerlo lo mejor que podían con lo que tenían a su alcance. En mi caso, eso me hizo respetar y admirar aún más a ese ser que me dio la vida, mi padre. O como lo llamo cariñosamente hoy en día: mi viejo del alma.

Todos tenemos una forma distinta de expresar el amor por los demás. La mayoría de conflictos se presentan porque esperamos que las personas nos demuestren su amor de la misma forma en que se lo manifestamos. Si para mí la forma de expresar amor es diciéndolo, siendo afectuoso y estando presente, me puede resultar difícil entender que un ofrecimiento de ayuda, un plato de comida o un momento de silencio pueden ser también una demostración de amor.

PREGUNTAS PARA CRECER

Y tú...

- ¿Cual es la forma en que estás expresando amor a tus seres queridos?
- ¿Tienes claro de qué forma te dicen ellos que te aman?
- ¿Cómo puedes convertir esto en un hábito?

"Todos tenemos una forma distinta de expresar el amor por los demás. La mayoría de conflictos se presentan porque esperamos que las personas nos demuestren su amor de la misma forma en que se lo manifestamos".

El mejor publicista del mundo

No fue una discusión acalorada, ya esos días habían quedado atrás. Las razones que exponía mi papá eran válidas y tenían mucha lógica: darle continuidad a lo que él había construido durante tantos años. Gracias a su consultorio dental salimos adelante y nos educó. De hecho, yo había crecido con el consultorio en casa y estaba familiarizado con muchos de los instrumentos, incluso jugaba allí cuando me quedaba solo. Además, ya se había hecho un nombre y tenía todos los equipos, por lo que yo no tendría que invertir cuando me graduara. Ninguno de mis hermanos había querido estudiar, solo mi hermana, y se decidió por administración hotelera. Así que yo era la última oportunidad... Pero yo quería estudiar publicidad.

—¿Por qué no estudia odontología mejor?— me preguntó con cierto aire de reproche.

—¡Papá, porque no me gusta! Además, no me preparé para las materias que me tocaría ver en esa carrera... Quiero estudiar publicidad.

—¿Y cómo se va a ganar la vida, pintando vallas? Mire que tiene el consultorio ya montado y hasta la clientela que yo he construido por todos estos años...

Aunque mi padre estaba siendo cauteloso para no imponer su voluntad como años atrás, me sentí sutilmente presionado. Así que le sugerí:

—Pues entonces estudio odontología y cuando termine, con mi propia plata me costeo la carrera en publicidad.

A lo que respondió:

—Tampoco se trata de eso. Estudie lo que quiera, pero estudie.

Finalmente, luego de explicarle que la publicidad no era ganarse la vida pintando vallas, como él decía, me mantuve en mi posición y enfaticé mi absoluta convicción de que mi vocación era producir comerciales de televisión. Él entendió que no había caso y yo emprendí la tarea de encontrar la universidad en la que me matricularía para ser el mejor publicista del mundo.

Creo que su lección estaba aprendida: había pasado de ser un padre impositivo a uno comprensivo que brindaba apoyo. Unos años atrás, en las incipientes clases de orientación vocacional que nos daban en el colegio, ya había decidido que quería ser publicista. Siempre quedaba fascinado por lo que en mi infancia llamábamos las propagandas de televisión. Tenía la capacidad de observar pequeños detalles imperceptibles a simple vista para otros. Tal vez era la curiosidad, que siempre me ha llevado a explorar cosas distintas (siempre que no las considerara peligrosas o nocivas para mí).

Solo habían dos lugares donde estudiar la carrera, Bogotá, la capital de mi amada Colombia, que quedaba a diez o doce horas en bus (solo media hora en avión, pero mi padre no me iba a permitir viajar con tanta frecuencia) o Manizales, una hermosa ciudad universitaria incrustada en las montañas del centro del país, a cinco horas por tierra y donde me resultaba más fácil volver a Cali cada fin de semana a verme con la novia que tenía, con la que acababa de empezar una relación. Eso fue todo lo que puse en la balanza a la hora de tomar mi decisión.

De haber podido opinar, algunos me habrían dicho que la opción correcta era Bogotá, primero porque allí la carrera duraba cinco años y me graduaba con un título profesional, mientras en Manizales eran tres y me recibiría como tecnólogo. Además, considerando que mi verdadero interés eran los comerciales de televisión, la meca de la publicidad en Colombia era la capital, donde están todas las programadoras y las mejores agencias. En aquel tiempo ni siquiera existían los canales regionales. Sin embargo, pensé que cuanto antes terminara la carrera, mejor. Además, Bogotá quedaba muy lejos y me perdería las fiestas familiares y los paseos a la finca con la novia.

Mi paso por la universidad fue mi primer acto de responsabilidad consciente. Estaba convencido en aquel momento de que mi futuro estaría en el mundo de la publicidad. Mientras en el colegio siempre estuve entre los más indisciplinados, en la universidad me destaqué siempre en los primeros lugares. En realidad, veía a mis compañeros de curso como los rivales con los que iba a competir por un puesto en la más prestigiosa agencia de publicidad del país. Por otra parte, no quería darle a mi papá la oportunidad de reprocharme una mala nota o que tratara de convencerme de nuevo de que estudiara odontología.

Viví una etapa maravillosa como estudiante en la que también tuve espacios de soledad, reflexión y aburrimiento, especialmente cuando no podía viajar a casa el fin de semana. Fue una época boyante en las finanzas de mi viejo, que me dio la oportunidad de estudiar lo que yo eligiera y en cualquier lugar. No me puso ninguna restricción y me apoyó a pesar de no estar de acuerdo con mi elección. No tuve que trabajar para pagarme mis estudios. Tampoco me dejó hacerlo; me pidió que me enfocara en mi carrera y así lo hice.

Cuando llegó el momento conseguí, sin el uso de influencias y por mis propios méritos, ser aceptado para hacer la práctica de pasantía por un semestre en la más grande y prestigiosa agencia de publicidad en Cali, McCann Erickson, toda una multinacional. Sin embargo, nunca llegué a poner un pie en ella. El destino me tenía preparado otro camino.

REFLEXIÓN

La vida nos pone a las personas adecuadas en el momento oportuno y con un propósito específico. Hay personas que entran y salen de nuestras vidas para darnos una enseñanza o una lección, y de todas ellas aprendemos, bien sea por su ejemplo a seguir o por su ejemplo a evitar; no importa si se quedan con nosotros por mucho tiempo o solo un instante. Si miramos con detenimiento podemos identificar cada enseñanza y separarla de la acción del individuo, lo que nos permite perdonar con mayor facilidad y, en última instancia, llegar a agradecer a la persona que aparentemente nos lastimó, ya que al separarla del evento podemos ver con claridad lo que aprendimos acerca de nosotros mismos.

En ese momento es cuando entendemos que gracias al "mal aparente" que provocó esa persona crecimos como seres humanos. Lo mismo sucede con las situaciones que se nos presentan en un momento de la vida. Todas ellas vienen a enseñarnos algo y no necesariamente son permanentes. Aprendemos de esas situaciones de la misma forma, aunque a las que consideramos buenas las llamamos fortuna y las que nos lastiman las llamamos errores o "mala suerte". Si logramos observar los hechos separados de nuestras emociones podemos ver cómo de los "errores" aprendimos y crecimos. Así pues, resulta más fácil entender nuestra realidad y aceptarla sin resentimientos ni traumas. Esto nos permite mirar un pasado difícil como una verdadera bendición y no como una excusa para todas nuestras frustraciones y nuestros malos hábitos.

Para poder cerrar los ciclos de manera adecuada no basta con perdonar a aquellas personas o situaciones que en un momento determinado nos hicieron daño, sino que debemos también darles las gracias tanto como a las personas que deliberadamente nos ayudaron. Si miramos con detenimiento podemos ver que hasta las personas que trataron de lastimarnos, independiente de que lo lograran o no, también nos ayudaron a aprender algo.

El perdón no trae implícito el agradecimiento. Hay ocasiones en que para poder estar en paz con nosotros mismos debemos dar ese paso adicional y agradecer los males aparentes que enfrentamos y no únicamente el bien que recibimos. En mi proceso de sanación emocional, solo logré estar en paz absoluta con mi pasado cuando efectivamente logré llegar al agradecimiento por TODO lo que en él había sucedido. Lo hice en cinco pasos, aunque solo fui consciente de ellos más adelante:

1. Cuestionar mis circunstancias y lo que me había ocurrido.

2. Entender que no podía hacer nada para cambiar los hechos.

3. Aceptar (que no es lo mismo que estar de acuerdo). A partir de la aceptación, renunciar a seguir con el mismo patrón de comportamiento que había aprendido. Eso me permitió llegar a...

4. Perdonar, y decidir que esos recuerdos no me iban a lastimar más. Y cuando creí que ese era el último paso, descubrí que había uno más:

5. Agradecer, lo que permitió la liberación total de todos los resentimientos y temores con los que había cargado durante tantos años.

PREGUNTAS PARA CRECER

Ahora te invito a que analices los hechos de tu vida que has venido escribiendo en esa libreta. Míralos a la luz de estos cinco pasos y pregúntate:

- ¿En qué nivel del proceso estoy?
- ¿Qué me falta para dar el siguiente paso?
- ¿Qué me impide darlo, qué creencia limitante me detiene?

"Hasta las personas que trataron de lastimarnos, independiente de que lo lograran o no, también nos ayudaron a aprender algo".

Soñando con ser "traqueto"

Por aquel tiempo empecé a andar con el Tío, el que construyó con mi padre el parque recreativo. El Tío era "traqueto", expresión coloquial y despectiva con la que se conocía por entonces a los narcotraficantes. Yo durante un tiempo soñé con convertirme en su mano derecha. La opulencia y el poder que le daba el dinero me resultaban muy atractivos. Me llamaba la atención la corte de gente que lo rodeaba constantemente y el trato señorial que le daban allí donde llegaba. Había tenido la oportunidad de acompañarlo muchas veces y de conocer a sus socios, y yo quería formar parte de aquel mundo, así que seguí a su lado por algún tiempo con la esperanza de que se me diera la oportunidad. Pasé muchos días a su lado, acompañándolo como una sombra. No me despegaba de él; me hacía cargo de sus asuntos personales y los de su casa, era como su estafeta. No existía hora de entrada ni salida. En muchas ocasiones tenía que estar en su casa antes de que saliera el sol y podía quedarme hasta la madrugada; tampoco había salario alguno, solo lo que su voluntad le indicara darme, si bien como familiar era bastante generoso, especialmente en fechas importantes. Cuando se trataba de reconocer mi trabajo o mi talento en algunos proyectos de carácter profesional que le presenté no pasaba lo mismo. Pero no podía quejarme: era el sobrino, tenía acceso a sus carros, a los sitios que visitaba, a la opulencia y el estilo de vida que anhelaba y estaba seguro que pronto iba a tener. Ya había visto algunos primos y amigos entrar a ese mundo de su mano, volar muy alto y conseguir dinero. Yo quería ser el siguiente.

Mi trabajo habitual consistía en "cargarle el maletín" (donde en ocasiones había dinero en efectivo y documentos importantes), portar un arma en la cintura, tapada con la camisa, manejar uno de sus lujosos autos y acompañarlo durante todo el día por si necesitaba algo. Los lentes oscuros, además, me daban un toque de misterio. Me sentía privilegiado por ser su sobrino de sangre. Sentía que era el que tenía el derecho a cargar el maletín por encima de los otros "aspirantes" al puesto. Era, en cierta forma, la manera de marcar mi territorio... Uno de esos aspirantes era un sobrino de su esposa que tenía casi la misma edad que yo y que también andaba tras el sueño de ser "traqueto". No existía una rivalidad marcada entre nosotros, habíamos crecido juntos como si fuéramos primos y ambos teníamos la impresión de que había suficiente para los dos. Él se unió al poco tiempo que yo empecé y juntos andábamos detrás de nuestro líder a todas partes. Hasta me gustaba tenerlo como compañía, así me resultaban más entretenidos los ratos en que me tocaba quedarme solo esperando al Tío, cuando no me podía entrar a una reunión muy privada.

Durante un tiempo anduve, pues, tras el sueño de ser "traqueto", es decir, un narcotraficante. Sin embargo, no pasó mucho tiempo antes de que empezara a cuestionarme si aquello era lo que realmente quería hacer en mi vida. Había un lado oscuro que realmente no me gustaba y que hasta ese momento había tratado de ignorar. Por otra parte, quería terminar la carrera y tener la satisfacción de entregarle a mi padre el título universitario que soñaba que alguno de sus hijos conseguiría. Quería ser el primero en hacerlo.

Además, me confundía ver a toda clase de profesionales caer rendidos a los pies de un personaje sin educación ni títulos como el Tío. Se jactaba de tener poder sobre ellos sin haber terminado sus estudios de secundaria ni haber asistido a la universidad. Creo que le producía cierta satisfacción a su ego ver el poder que tenía sobre ellos sin haber estudiado.

—¡El estudio no sirve para nada!—decía constantemente— ¡Míreme a mí que soy un burro y le doy trabajo a toda esta gente! ¡Muchos de ellos estarían aguantando hambre si no fuera por mí!

Ese mundo rodearía y afectaría mi vida de una manera que no pude entender sino hasta hace poco, mucho tiempo después de haberme liberado de sus garras. Durante muchos años en mi vida, todas las personas adineradas o ricas que conocí estaban de una u otra manera vinculadas con el mundo del narcotráfico. A mí y a muchos de mi generación nos tocó vivir todo ese apogeo de la "cultura traqueta", que azotó el país y en especial Cali. Ese cáncer de la economía, ese atizador de la corrupción que históricamente ha envenenado a mi amada Colombia, afectó casi todo lo que yo conocía, entre otras cosas mi relación con el dinero y la manera de ver la vida...

Pero una vez más, como en otras situaciones difíciles que he tenido que enfrentar en este viaje, la capacidad con la que me dotó Dios para rechazar un entorno negativo y crear uno mejor me permitió cortar todo vínculo con aquel demonio y encaminarme por un rumbo diferente. Debo aclarar que no es este un vínculo del que me enorgullezco, pero tampoco un asunto del que me avergüenzo; es simplemente la circunstancia que me tocó vivir y de la que hoy puedo decir que gracias a Dios y a las "coincidencias" de la vida pude salir.

Hoy en día, casi nadie es capaz de reconocer que conoció a "esa gente" o que tuvo algo que ver con ese mundo.

Solo quedan los escándalos, las novelas amarillistas que han producido algunos canales de televisión y que vuelven a enlodar el nombre de nuestro país a nivel internacional; los libros y los testimonios amañados de algunos protagonistas encarcelados, tratando de ensuciar el nombre de sus antiguos aliados y ahora enemigos.

Como muchas otras cosas que jamás podré explicar, un día cualquiera tomé la decisión de no volver donde el Tío y conseguir un trabajo normal con el que ganaría lo suficiente para finalizar mi carrera y graduarme. Ese fue el primer paso que di para enterrar mi sueño de ser "traqueto".

REFLEXIÓN

Hay ocasiones en la vida en que, por comparación y por contraste, nos resulta más fácil entender qué es lo que no queremos y determinar con claridad lo que verdaderamente anhelamos. Ahora entiendo que algunas personas solo pueden aprender a valorar realmente la paz luego de vivir los horrores de la guerra.

Nuestros sueños pueden estar condicionados por nuestras circunstancias. Podemos soñar con más de lo mismo o con algo completamente distinto, todo depende de nuestra experiencia con el entorno: si ha sido agradable, tal vez soñemos con tener más o mejorarla; si ha sido desagradable, a lo mejor soñamos con huir de allí y tener una vida completamente distinta.

En mi caso, la intensidad de la incertidumbre que genera moverse en un mundo tan difícil como el del narcotráfico me llevó al punto de entender que lo que yo quería para mí era en realidad un trabajo estable, con la seguridad de una entrada fija y en donde se reconocieran mis logros y mis cualidades.

Algunas personas con las que me asesoré para escribir este libro me recomendaron eliminar este capítulo o modificar su título; aunque admiro a esas personas y respeto sus opiniones, insistí en incluirlo porque siento que es un mensaje que viene con la mejor intención, desde el corazón y con la idea de que podemos aprender mucho de nuestro pasado.

Muchas personas sueñan desde la inconsciencia con perpetuar sus círculos viciosos y nos resulta muy fácil juzgarlas. Cada quien está escribiendo su propia historia y tiene la capacidad de modificarla si se lo propone. Todos podemos pasar de víctimas a héroes de nuestra vida si despertamos, si tomamos consciencia.

Somos nosotros quienes realmente decidimos lo que queremos; no hay nada de malo con querer mejorar nuestras circunstancias. Aprendamos a escuchar esa voz interior que nos habla cuando algo no se siente bien.

PREGUNTAS PARA CRECER

Y en tu caso:

- ¿Hay algo de lo que no hablas porque te sientes avergonzado o porque te preocupa lo que puedan pensar?

- ¿Eres consciente de lo que ha aportado este asunto a tu vida?

- ¿Cómo podría este asunto fortalecerte si es que aún no lo ha hecho?

Tal vez te ayude hablar de eso con alguien o sacarlo de donde lo tienes guardado...

"Cada quien está escribiendo su propia historia y tiene la capacidad de modificarla si se lo propone. Todos podemos pasar de víctimas a héroes de nuestra vida si despertamos, si tomamos consciencia".

Santo no hay nadie en este vida

—¡Jimmy! —gritó mi abuela con voz de angustia por el teléfono—. ¡Vuélese para acá que necesito que vaya por un sacerdote para que le aplique los santos óleos a Arcesio!

—Si señora, ya voy —le dije. Colgué y salí corriendo para donde ella.

Mientras iba en camino empecé a pensar en las largas conversaciones que tuve con mi abuelo años atrás, en todo lo que le había aprendido de él. Ya estaba en sus últimas horas y ni siquiera hablaba... Era el primer día de marzo de 1991 y hacía solo cinco meses le habíamos celebrado sus noventa y dos años. Había nacido en el siglo XIX y siempre decía que pretendía vivir todo el siglo XX y llegar hasta el XXI. Lo escuché decir eso tantas veces que le creí. Y ahora estaba a punto de perderlo para siempre.

Al fin llegué a casa de los abuelos, tomé las llaves del carro y traté, en honor a esas conversaciones que habíamos tenido mi abuelo y yo, de convencer a los presentes de que no era buena idea traerle un cura. Él se auto proclamaba ateo, era enemigo de la iglesia y no le iba a gustar ver a un religioso en su lecho de muerte. Sabía de lo que estaba hablando. Y también sabía que diciendo aquello contrariaba a mi abuela, a quien amaba y respetaba profundamente. Pero ella, obviamente, no dudó en ejercer su autoridad y de un grito me ordenó que no perdiera más tiempo.

Mientras me dirigía a la iglesia, pasaban como una película en mi memoria imágenes de la infancia que viví a su lado en la casa vieja del barrio Granada. Recordé cómo nos ayudaba con la tarea de vocabulario, pues nos daba pereza buscar las palabras en el diccionario y él se sabía todas las respuestas; recordé las bromas que le jugábamos con mi primo y mi hermano cuando de cariño y en tono burlesco lo apodábamos "viejito camandulero", cuando se reía de nuestra inocencia y nuestra insolencia, cuando entraba en discusiones casuales con cualquiera que utilizara la palabra "santo" en su presencia y le decía, moviendo su dedo índice en señal de negación:

—Santo no hay nadie en esta vida…

Pero lo que más me daba vueltas por la mente eran las tres semanas que pasé con él acompañándolo mientras la abuela y las tías estaban de viaje; las conversaciones que tuvimos cada noche hasta más allá de las tres de la mañana hablando de la vida, del cosmos, de la familia, del amor, de las relaciones de pareja y hasta de política. Compartió conmigo sus inquietudes y sus creencias; fue allí cuando se destapó, cuando desnudó su alma conmigo y pude entender su rabia contra la iglesia y las religiones, y cómo éstas, según su criterio, deberían estar separadas de Dios.

Todo lo que hablé con él allí, junto a todas las inquietudes que yo traía desde niño, me llevaría a embarcarme en una misión de investigación y lecturas que daría sus frutos muchos años después y que sigo investigando aún hoy, y que tal vez sea algún día material para otro libro.

—Hasta el sol de hoy nadie me ha podido responder esta pregunta —decía mi abuelo con un aire de ironía e intriga—. En la Biblia hay una parábola que dice que ninguna hoja de ningún árbol se mueve sin la voluntad de Dios. Si eso es así, ¿a qué Dios se le puede ocurrir dejar morir a tanta gente inocente en tantas guerras y desastres naturales aun cuando le están implorando por su vida?

Esta era solo una de las muchas inquietudes que el viejo se planteaba, una de las muchas que le robaban el sueño. La herencia más grande que me dejó fue saber que tengo el derecho a cuestionarlo todo, a hacer preguntas donde los demás no se atreven, a romper los esquemas del adoctrinamiento en el que se ha desarrollado esta sociedad.

Era en realidad un revolucionario, sabía que se estaba haciendo viejo, que le quedaba poco tiempo, decía que lo único que lamentaba al dejar esta tierra era no poder ver los adelantos que traería la tecnología.

La iglesia de nuestro barrio no tenía a nadie disponible. Tuve que ir más lejos, pero finalmente conseguí un sacerdote en la iglesia del barrio San Fernando. Cuando se montó al carro le di al prelado los detalles y le advertí de las creencias del abuelo para que no se fuera a llevar una mala sorpresa, aunque pensé que moribundo como estaba, el viejo ya no tendría fuerzas ni para hablar. No podía imaginar que don Arcesio Gil Montoya tenía todavía una última lección para enseñarme.

Era poco después del mediodía cuando llegamos. Entramos a la habitación de mi abuelo directamente, se sentó a su lado y yo me quedé detrás. Lo llamó por su nombre dos veces y no respondió. Lo intentó una tercera:

—Arcesio, soy el sacerdote y vengo a aplicarle los santos óleos...

En ese momento, casi sin dejarlo terminar la frase, levantó su cabeza y lo miró con unos ojos completamente negros, los ojos de la muerte. Solo había visto aquellos ojos en Omaira Sánchez, la niña víctima de la avalancha de Armero en Colombia, cuyas imágenes dieron la vuelta al mundo. Lo increpó y levantó su dedo índice como solía hacer cuando discutía con alguien:

—¡Yo no lo he mandado llamar a usted, señor! ¡No necesito ningún cura para morirme en paz!

Y cerró sus ojos para nunca más volverlos a abrir. Esa imagen me acompañará por el resto de mis días. Genio y figura hasta la sepultura, dice el refrán.

El abuelo Arcesio me dejó más preguntas que respuestas, pero también muchas enseñanzas, entre ellas el aprecio por la naturaleza y los animales, la convicción de sus creencias y la voluntad férrea con que defendía su concepto de Dios.

REFLEXIÓN

Dice el poema Desiderata:

(...) Por eso debes estar en paz con Dios cualquiera que sea tu idea de Él (...).

Si vemos a Dios como un padre, es importante que nuestra relación con él esté basada en el amor y en nuestro crecimiento y desarrollo, y no en el miedo o el temor a un castigo.

Algunas personas no necesitan la religión como instrumento para encontrar su camino espiritual. Se puede ser muy religioso y poco espiritual y viceversa. Si una persona no está adscrita a ninguna doctrina o no asiste a ninguna iglesia, debemos aprender a respetar el derecho que esa persona tiene a la libre elección.

Después de todo, como dice el Dalai Lama, la mejor religión es la que te acerca más a Dios, o sea, la que te hace querer ser mejor ser humano cada día.

PREGUNTAS PARA CRECER

- ¿Has examinado tus creencias alguna vez?
- ¿Te has detenido a analizar si vienen de ti, de experiencias propias, o te han sido inculcadas?
- Haz una lista de las más relevantes para ti y hazte esta pregunta ¿Será ésta una creencia limitante o expansiva?

No tengas miedo a confrontarlas y habla con diferentes líderes espirituales y religiosos al respecto. Si tus creencias religiosas te generan más miedo que paz, más incertidumbre que certeza, o alimentan tus temores más que tus sueños, tal vez sea un buen momento para que empieces a cuestionarlas y a buscar respuestas en tu interior.

"La mejor religión es la que te acerca más a Dios, o sea, la que te hace querer ser mejor ser humano cada día".

Vendedor de seguros

Poco tiempo después de la muerte del abuelo, encontré un empleo en la sección de clasificados que ofrecía trabajar en un proyecto publicitario y de mercadeo. Resultó ser un engaño para atraer vendedores y reclutarlos con la idea de comercializar una enciclopedia. Bastó la sesión de la mañana para darme cuenta del asunto, pero no quería desertar en medio de la capacitación, así que esperé hasta el final del día y no me presenté más.

Durante uno de los recesos del entrenamiento salí a la calle. Frente a la casa donde funcionaba la empresa y mientras conversaba con otros de los asistentes vi pasar por allí a Juan Carlos, uno de los muchos primos que tengo y con quien había compartido varios momentos durante la infancia, en la etapa de construcción del parque de Los Toboganes. Su padre, primo hermano de mi papá, había sido uno de los contratistas que dieron vida al proyecto. Al verme me saludó sorprendido...

—¿Entonces qué, "primín"...? ¿Qué andás haciendo por aquí? —dijo, con su tono siempre agudo, alegre y picaresco.

Le expliqué y de inmediato me ofreció un empleo como vendedor en Seguros Bolívar, una empresa de seguros muy prestigiosa del país.

—Caminá conmigo a vender seguros, primo, que por lo menos te pagan un sueldo básico más lo que te hagas en comisiones.

No dudé un segundo en aceptar su propuesta. Coordiné con él y al día siguiente acepté el empleo después de la entrevista.

Ese fue el segundo paso de un largo camino para deshacerme del "sueño traqueto", que me acompañó por mucho tiempo y que aún me hizo dudar unos años después.

La entrada a la compañía de seguros supuso un cambio importante en mi vida. Me aportó un entorno de motivación y camaradería, aprendí el oficio de las ventas y tuve la oportunidad de ganar muy buen dinero, especialmente con los seguros de vida que pude vender a los empleados de todas las empresas del tío, sus amigos y sus socios, a los que conocí durante el tiempo que andaba con él. Ellos me abrieron las puertas de sus empresas y me permitieron llegar hasta sus nóminas para promocionar mi producto. Solo un par de llamadas al mes me permitían hacer un negocio grande que representaba una buena comisión. Allí tuve la oportunidad de aprender un oficio que me sería muy útil en un futuro. Alcancé a ascender y participé en la conformación de un departamento de servicio al cliente. Sin embargo, cuando terminé mi tesis de grado y tuve mi título universitario decidí probar suerte en el mundo de la publicidad. Así que renuncié a mi cargo de director de servicio al cliente y emigré a Bogotá con la idea de establecer algunos contactos y entrar en ese gremio, a ver si se me daba la oportunidad y terminaba produciendo los comerciales de televisión con los que había soñado cuando estaba en el colegio.

Sandra, el amor de mi vida, mi compañera inseparable hasta la actualidad, me acompañaba en esta nueva etapa. Nos habíamos conocido en la universidad y me había encontrado con ella de nuevo cuando estaba trabajando en Seguros Bolívar. Llegó en el momento justo, pues yo ya empezaba a creer que el amor era solo un cuento de hadas. Ella me alentó también para que ejerciéramos nuestra carrera.

Un buen día se la presenté a Gloria Stella, coincidiendo con que había venido a Cali a trabajar en su tesis de grado.

—¡Madre!, te presento a mi novia, la futura madre de mis hijos —le dije a Gloria Stella en broma.

Tenía la confianza suficiente para bromear con ella de esa forma.

—¡Oigan a este como está de loco!— dijo Sandra entonces con un gesto de burla y algo sorprendida.

Años más tarde vine a entender el poder de las palabras y la razón por la que el destino me había llevado a esa pequeña ciudad en las montañas de Colombia. Era allí donde iba a encontrar mi gran amor.

Sandra y yo salimos para la capital con unos cuantos ahorros, un carro libre de deudas y un puñado de ilusiones; ya éramos novios y compartíamos un mismo sueño. Teníamos ganas de volar y así lo hicimos.

La dicha, sin embargo, nos duró muy poco. Varias semanas después de llegar a Bogotá seguíamos sin conseguir trabajo; solo una agencia de publicidad me había dado esperanzas de algo, como arte-finalista ganándome el salario mínimo, pero tenía que esperar por lo menos un mes antes de empezar.

La situación se empezó a volver realmente difícil. Se nos estaba acabando el dinero y no conseguíamos trabajo. Yo vivía en el apartamento de mi amigo y la idea era empezar a pagar alquiler tan pronto como me ubicara. Y Sandra vivía con unos tíos suyos. Para colmo de males, una noche trataron de robarnos el coche. Era domingo y estábamos justamente donde los tíos de Sandra viendo televisión. Yo estaba algo nervioso, como si presintiera algo. En cada corte de comerciales iba a mirar el carro, estacionado en la calle frente a la acera. Al final le dije a Sandra:

—¡Mi amor, yo mejor me voy! Ni siquiera tengo la mente en la televisión; estoy más bien preocupado por el carro...

Decidí marcharme, me despedí de mi novia y su familia, di una última mirada por la ventana del edificio antes de bajar. Y en ese instante vi a dos ladrones dentro del automóvil. Grité como si me estuvieran matando. Bajé los escalones de un brinco y salí corriendo tras uno de ellos, mientras el otro huía en dirección opuesta. En ese momento solo pensaba en hacerle daño al ladrón cuando lo atrapara. Cuando estaba cerca de ponerle una mano encima, escuché un grito desgarrador de mi novia y temí lo peor.

—¡Auxilio, hijueputa... Jimmy... Nooo!—Yo nunca había escuchado a Sandra gritar así. Pensé que el otro delincuente se había devuelto a hacerle daño a ella, así que dejé escapar el ladrón y volví atrás para asegurarme de que estaba bien. Por suerte, solo había sido un grito de angustia en medio de la confusión.

Con el carro dañado y sin trabajo, sentí por primera vez el amargo sabor de la derrota. Sin embargo, no sé por qué ni de donde, me llegó una oleada de esperanza, como cuando alguien abre la ventana y deja entrar una brisa fresca en un cuarto caliente; así llegó a mi mente, como un susurro, esta frase que le dije a quien hoy es mi esposa en medio de la calle, mientras la abrazaba:

—Algo muy grande y muy bueno nos tiene que tener guardado mi Dios desde que nos esté pasando esto.

En su afán por robarse el radio, los hampones arrancaron la consola central del vehículo y causaron un corto que me obligó a gastar los pocos ahorros que me quedaban en su reparación.

En medio de las dificultades que habíamos tenido en nuestro corto tiempo en Bogotá, tomamos la decisión de casarnos, sabíamos qué queríamos pasar el resto de nuestra vida juntos, era lo único que teníamos claro. Todo lo demás era incierto. Ante estos últimos acontecimientos era hora de tomar una decisión. Lo hicimos: decidimos volver a Cali, vender el carro y empezar un negocio con el dinero que nos dejara esa venta.

Pero la vida da unos giros que uno no espera. Una vez regresamos a mi ciudad, diseñamos la idea, el logotipo y todo el plan para el negocio. Un día me puse en contacto con Diana, una antigua compañera de universidad con la que viajaba desde Manizales cada fin de semana. Estaba trabajando en la agencia de publicidad de su padre; varias veces me había ofrecido trabajo cuando yo vendía seguros. Me decía que yo era bueno en publicidad y que estaba desperdiciando mi talento. Así que fui donde ellos con la idea de que me guiaran en el desarrollo de la imagen de mi negocio y terminé aceptando una oferta de empleo. Allí trabajé por un corto periodo antes de que el mundo de los seguros me volviera a atrapar en sus dulces redes.

REFLEXIÓN

Cuando queremos algo y logramos visualizarlo, la vida y el universo se acomodan y dan paso a circunstancias para conseguirlo. No siempre las cosas resultan como planeamos o como queremos, pero debemos estar seguros que todo sucede para nuestro bien. De eso se trata la fe.

Cualquiera puede ser optimista y ver la vida color rosa cuando todo va bien. Incluso hay quienes tienen la capacidad de ser los más pesimistas cuando están en su mejor momento. La gracia está en aprender a ver el lado bueno aún en los momentos más difíciles.

Esa fue la primera vez que pude presentir la bendición en medio de la desgracia. Yo sabía que algo bueno se vendría después del desdichado episodio del robo a mi carro, era solo cuestión de esperar, de tener fe.

Algo dentro de mí que no puedo describir, me hacía sentir tranquilo, como una voz interior que me decía "no te preocupes, todo va a salir bien". Y por alguna razón que aun no entiendo creí a esa voz.

PREGUNTAS PARA CRECER

Es precisamente en los momentos difíciles cuando necesitamos hacer una pausa y preguntarnos:

¿Cuál es la actitud que tengo en estos momentos?

¿Qué es realmente aquello a lo que temo tanto?

¿Qué sería capaz de hacer si no tuviera miedo?

A veces es necesario enfrentarnos a nuestros mayores temores para poder superarlos. El miedo es unos de los principales alimentos de los círculos viciosos. Cuestionarlos es el primer paso para romperlos.

"No siempre las cosas resultan como planeamos o como queremos, pero debemos estar seguros que todo sucede para nuestro bien".

"Bartolito", el Renault 6

Después de la discusión, salí de su oficina casi temblando y azoté la puerta como lo hacía cuando discutía con mi madrastra en la vieja casa del barrio Granada. Era la primera vez que tenía una discusión semejante con un jefe y me había dejado llevar casi al límite de la ira; si hubiera seguido allí, en medio de los gritos y del calor del momento, creo que le hubiera faltado al respeto. De alguna manera me recordaba a mi padre cuando gritaba o nos insultaba, por eso preferí salir antes de llegar a agredirlo.

Mi amiga Diana, su hija, me lo había advertido cuando le pregunté por qué no quería hacer su pasantía en la agencia de su padre:

—Uy Jimmy, no me lo soporto, es que chocamos mucho... No te imaginas...

Tenía razón. Era un hombre de carácter muy fuerte, y aunque me lo habían advertido, yo había aceptado tal vez sin creer. Pensaba que después de lidiar con mi padre cualquier otra persona sería fácil. Le estaba muy agradecido por la oportunidad que me había dado de trabajar finalmente en publicidad, pero el día de la discusión supe que me tenía que ir más pronto que tarde. Me recluí en mi oficina, desesperado porque no veía ninguna salida posible. De repente timbró el teléfono: la recepcionista anunciaba un misterioso visitante que preguntaba por mí.

—¡Qué raro! ¿Alguien preguntando por mí? —le dije, como pensando en voz alta— A esta oficina no viene nadie a buscarme...

Muy poca gente sabía que trabajaba allí. Cuando regresamos de Bogotá no quise llamar a ninguno de mis viejos amigos de la ciudad, tal vez por temor a tener que reconocer mi fracaso ante ellos.

Salí y me encontré una cara conocida y una gran sorpresa. Se trataba de Elkin, mi primer jefe en Seguros Bolívar, el que me entrevistó cuando mi primo me ofreció el trabajo en ventas. Alguien, nunca me dijo quién, le contó dónde estaba trabajando y ese día decidió visitarme. Me contó también que se había retirado de esa empresa, pero estaba en proceso de entrar a Seguros Caribe, donde estaban buscando directores de ventas para armar un proyecto similar al que conocíamos y al que denominaban "la nueva fuerza de Ventas". Esta empresa de seguros acababa de ser comprada por la multinacional española MAPFRE y había una buena oportunidad para gente con nuestra experiencia. De inmediato llamé a su contacto y efectivamente empecé a laborar allí.

Viajé a Bogotá para la formación de bienvenida. Estando allí recibí una llamada de mi papá con instrucciones precisas para recoger un auto que había logrado conseguirme con "el Tío". Se trataba de un carro viejo que se había ganado en una rifa y no lo quería, pues había estado abandonado por un buen rato. Estaba realmente en muy mal estado, era casi un pedazo de chatarra, pero andaba, así que no me importó. Yo había vendido mi automóvil unos meses atrás para dar la cuota inicial del apartamento en el que viviríamos mi esposa y yo una vez nos casáramos. Ya teníamos fecha definida, por lo que un medio de transporte nos venía como anillo al dedo a pesar de las precarias condiciones en que estaba el vehículo. Me sentí muy afortunado y me devolví para Cali en mi carrito, feliz y encantado de la vida. Para seguir con una vieja tradición de mi padre, decidí ponerle un nombre al automóvil. Cuando llegué a Cali, junto con Sandra lo llamamos "Bartolito".

Creo que esos ocho meses que estuve por fuera del mundo de los seguros, tratando de adentrarme en la publicidad, fue en realidad un intento por alejarme de la "cultura traqueta" que mencioné. Pensaba que eso era ya asunto del pasado, pero ahora que regresaba a los seguros tuve que entrar en contacto nuevamente con algunos de aquellos personajes para hacer negocios y asegurarles sus empresas, sus hoteles, sus casas, etc.

A veces, cuando veía toda aquella opulencia, me preguntaba si había hecho lo correcto al alejarme; atrás habían quedado los carros lujosos, las mujeres voluptuosas, las fincas, las fiestas y los restaurantes elegantes con el Tío; dádivas que disfrutaba sin ser mías.

En términos generales me sentía un hombre afortunado. Hacía poco que nos habían dado una gran noticia: estábamos esperando nuestro primer hijo. Habíamos reparado y pintado a "Bartolito" y era la admiración de muchos en la calle. En el trabajo nos iba bien y ganábamos lo suficiente para pagar nuestras cuentas, aunque con algunos altibajos de vez en cuando.

Pero un buen día, estando en la finca lavando el coche, escuché una música fuerte, dirigí la mirada hacia el lugar de donde provenía y ahí lo pude ver: el sobrino de la mujer del Tío, antiguo compañero mío de andanzas, se acercaba manejando su automóvil último modelo con la música a todo dar. Se bajó del carro con ese aire inconfundible de narco y luciendo una vestimenta muy fina, la pinta típica de nuevo rico... Supe así que después de apartarme de su lado él había seguido junto al Tío, y en poco menos de tres años había logrado tener el éxito económico que probablemente yo habría tenido si no me hubiera retirado.

La bofetada a mi orgullo fue instantánea... En cuestión de segundos, pasé de la paz y la tranquilidad que me daba el estado de agradecimiento, a la depresión y la angustia que causan la envidia y el ego cuando uno se compara con los demás y se siente inferior.

Fue tal el impacto, tanto lo que me cuestioné sobre las opciones que había tomado en la vida, que pensé muy seriamente en dejarlo todo y volver al lado del Tío. Pero ya no podía, el orgullo no me lo permitía. No quería volver a pasar por lo mismo.

Ese día empecé a escribir sobre lo que me había pasado. Plasmé en un papel mis cavilaciones, mis pensamientos y, confundido como estaba, le escribí un carta a Dios, preguntándole por qué me ocurrían aquellas cosas y reprochándoselo. De alguna manera me pude observar desde afuera y reflexionar sobre lo que había sentido, sobre el cambio súbito de la alegría a la tristeza por un factor externo tan ajeno al Ser, el dinero, del cual pensé entonces que era la causa de todo mal. De hecho, terminé por asociarlo de manera inconsciente a algo malo que puede corromper el alma. Esta nueva creencia solo cambió años más tarde, de la manera más inesperada, cuando una visita al Tío en una prisión de los Estados Unidos y una conversación de trabajo con una mujer millonaria de Palm Beach me permitieran tener una visión distinta de aquello que llamamos fortuna.

REFLEXIÓN

Tendemos a compararnos con los demás, sobre todo como punto de referencia de nuestro progreso. Si nos sentimos superiores o creemos que estamos por delante de alguien, nos alegramos y nos creemos vencedores; si, por el contrario, nos parece que estamos atrasados con respecto del otro, nos sentimos mal, nos sentimos perdedores. A veces eso nos puede servir de aliento para seguir adelante, pero debemos tener cuidado, ya que podríamos estar cayendo en una trampa: si hacemos esto, le estamos dando el poder a un factor externo en lugar de controlar nosotros nuestro estado de ánimo.

Como bien dice el poema Desiderata:

"Si te comparas con los demás,

te volverás vano y amargado

pues siempre habrá personas más grandes y más pequeñas que tú."

Nuestra competencia no debe ser con los demás, debe ser con nosotros mismos. Debemos resistirnos al juego de ser mejor que alguien; tratemos simplemente de ser mejor persona de lo que fuimos ayer.

Ahora puedo ver con claridad la razón por la que empecé una relación tan tóxica con el dinero: era necesario que fuera así para poder despertar más adelante y entender que no debía darle el poder de controlar mi vida por completo, pues sin darme cuenta llegué a convertirme en su esclavo.

PREGUNTAS PARA CRECER

¿Te has puesto a pensar con quién te comparas y por qué?

Si lo haces, ¿cuál es la sensación que te queda, de superioridad o de inferioridad?

¿De verdad crees que una de estas sensaciones es mejor que la otra?

Es muy fácil reconocer el ego:

1. Cuando nos sentimos superiores o inferiores ante cualquier persona o situación.

2. Cuando estamos etiquetando o juzgando a alguien o algo, inevitablemente estamos en el ego... No estamos presentes.

"Debemos resistirnos al juego de ser mejor que alguien; tratemos simplemente de ser mejor persona de lo que fuimos ayer".

SEGUNDA PARTE
El Despegue

¡Por un antojo de ceviche!

Juan Camilo, nuestro primer hijo, pronto llegaría a este mundo. Estábamos felices y con una gran ilusión. Siempre he creído que un hijo es una bendición de Dios y que con el nacimiento de un bebé se abren muchas puertas. "El hijo viene con el pan debajo del brazo", dice el refrán.

Un día, mientras visitábamos a mis padres, Sandra dijo de pronto:

—¡Gordo, tengo antojo de ceviche!

Habíamos ido en bus desde el otro extremo de la ciudad y no iba a ser fácil parar en una cevichería de regreso a casa para satisfacer su capricho de embarazada.

—Pues llévense mi carro y me lo traen mañana — nos dijo Gloria, mi madrastra, a quien hacía algún tiempo había empezado a llamar "madre" como gesto de cariño y agradecimiento, pues al decir verdad se había ganado ese título con creces. Y ahora que me iba convertir en padre podía entenderla mejor y me sentía aún más cercano a ella.

Aceptamos su propuesta, tomamos el auto y nos fuimos. En el camino recordé a Marcelo, un antiguo compañero de Seguros Bolívar quien hacía poco tiempo había abierto un restaurante; justo estaba cerca del camino, no había que desviarse mucho.

No habíamos quedado en los mejores términos con Marcelo cuando salí de aquel trabajo, pero había respeto y admiración mutua; habíamos tenido una amistad relativamente cercana. Me dio alegría verlo y saber que progresaba. Nos reímos un buen rato y recordamos buenos momentos. Hablamos de su negocio y su trabajo; él también había salido de Seguros Bolívar y estaba trabajando ahora para Suramericana de Seguros. Me comentó de una vacante que tenía disponible, pero en principio no me pareció una oportunidad atractiva. El puesto era de director comercial en ventas para un grupo de promotores, pero la base salarial era inferior a la que yo devengaba y no me daba la oportunidad de vender los seguros que vendía a través de mis agentes en Seguros Caribe. Así que le recomendé a alguien y seguimos nuestro camino.

Días después, como cortesía profesional, hablé con él nuevamente acerca del candidato que le recomendé a ver si había sido una buena opción, pues de no ser así tenía otros que le podía recomendar. Siempre he tenido una gran pasión por ayudar y ser útil de alguna manera. No esperaba sacar ninguna ventaja para mí, sino que pensaba que era una buena oportunidad para alguien más. Sin embargo, mi amigo fue muy directo y me dijo en su acento caleño:

—Es que yo el puesto te lo estoy ofreciendo a vos, no quiero que me recomendés a nadie. Es a vos al que tengo en mente.

Me sorprendió el ofrecimiento, le agradecí y le dije que lo iba a pensar y lo volvería a llamar. Hablé con Sandra y tomamos la decisión de hacer el cambio. Aún no sabemos por qué, ninguno de los dos sabía de grupos empresariales y no parecía una buena idea ganar menos dinero y dejar de recibir las comisiones de mis negocios. Sin embargo, algo en el fondo nos decía que debíamos hacerlo, como una corazonada.

Afortunadamente escuchamos esa voz interior, pues ahí despegó mi carrera profesional en Colombia. Y todo... ¡por un antojo de ceviche! La oportunidad de trabajar en una compañía grande y con proyección internacional me permitió cambiar la perspectiva de mi vida, ampliar mi círculo social, conocer gente adinerada y no ligada de ninguna manera al mundo en el que había crecido.

El apoyo de Marcelo fue fundamental, especialmente cuando me explicó que toda esa experiencia que habíamos adquirido cuando trabajamos juntos por primera vez era la que me había traído a esta nueva posición. Los ascensos, los viajes y el aprendizaje eran una constante. Tuvimos la oportunidad de expandir este departamento para la empresa y hasta exportar el modelo a otros países.

El crecimiento fue orgánico: crecimos en todos los planos, profesional, económico, emocional y como familia gracias a la llegada de nuestro primer heredero y a aquel encuentro fortuito producto de un "antojo".

Como dije antes, siempre he creído que un hijo es una bendición de Dios. Son la prolongación de la existencia, son un impulso y una necesidad que viene impresa en nuestro código genético. Para nosotros fue así, con la llegada de nuestro hijo, llegaron las bendiciones, llegó el progreso.

Alguna vez leí esta frase que me gustó mucho y me pareció muy válida: "Cada bebé que viene al mundo trae consigo el mensaje de que Dios todavía cree en la humanidad".

Solo unos cuantos meses después de su llegada se abrió una puerta que no esperábamos. Era la hora de partir, saldríamos con aire triunfante hacia Pereira, ubicada a solo una hora de Manizales, la ciudad de mi amada Sandra. Íbamos a empezar una nueva etapa, a abrir una nueva oficina. La vida nos sonreía.

REFLEXIÓN

Tenemos que estar preparados para recibir las cosas buenas que nos trae la vida en cualquier momento. Igual que nos han enseñado a prepararnos para una emergencia o para los momentos difíciles, también debemos prepararnos para las bonanzas y para las bendiciones.

Parece irónico, pero en ocasiones sólo recibimos en la medida en que estemos preparados para hacerlo. Nos quejamos porque queríamos más, pero no nos fijamos en el tamaño del recipiente que tenemos. De otro lado, muchas personas quisieran recibir más, pero se conforman con el recipiente que tienen en vez de conseguir uno más grande, acorde con sus expectativas o necesidades.

El universo es abundante y casi siempre tiene mucho más para darnos de lo que realmente estamos preparados para recibir. Son nuestras propias limitaciones las que a veces no nos permiten obtener aquello que deseamos. Un poco de ayuda de alguien nos puede hacer ver la oportunidad que tenemos delante.

Sin darnos cuenta, en muchas ocasiones somos nosotros los que ponemos el límite a lo que podemos recibir. Si en una situación de emergencia cortaran el suministro de agua y enviaran un camión cisterna, ¿te asegurarías de tener un tanque de diez galones o más para toda tu familia o saldrías con una jarra de un litro?

Ahora piensa cómo se podría trasladar este ejemplo al plano mental. ¿Cuántas veces hemos salido a recibir con un recipiente más pequeño en nuestra mente que el que realmente quisiéramos? Tenemos que abrirle espacio a las cosas nuevas saliendo de las viejas.

PREGUNTAS PARA CRECER

Las preguntas que formulo a continuación me ayudaron a abrir la mente y prepararme para recibir nuevas y mejores cosas en la vida:

- ¿Qué pensamientos limitantes tengo que no me permiten recibir más?
- Si no tuviera miedo, ¿qué estaría dispuesto a hacer?
- ¿Qué tengo que dejar ir a cambio de lo que quiero?

"El universo es abundante y casi siempre tiene mucho más para darnos de lo que realmente estamos preparados para recibir. Son nuestras propias limitaciones las que a veces no nos permiten obtener aquello que deseamos".

El primer fracaso profesional

Adaptarnos a nuestra nueva vida en Pereira fue muy fácil. La gente era muy amable y las cosas se estaban dando muy bien. En muy poco tiempo habíamos afianzado la oficina y los resultados eran positivos, o por lo menos eso creía yo. Sentía que estaba atravesando por el mejor momento de mi carrera profesional. Sin embargo, un día, de repente, nos citaron a todos los gerentes regionales a una junta extraordinaria en Bogotá. El vicepresidente del área de la que dependía mi departamento quería hablar con todos los líderes a nivel regional para evaluar los beneficios que estaba dejando el negocio. Los directivos no parecían muy satisfechos con las cifras de nuestra dependencia. Nos dijeron que algo andaba mal y que había que hacer cambios, que había que reestructurar. César, cabeza visible del departamento, Marcelo, José y yo nos pusimos manos a la obra para buscar soluciones. Fueron tres días de angustia en los que planteamos todas las alternativas de negocio posibles, repasamos las diferentes propuestas que íbamos a presentar una tras otra en caso de que alguna no tuviera la acogida esperada, etc. Pero no sirvió de nada. No importaron las cifras que presentamos, ni cuánto tratamos de demostrar que el negocio era rentable, ni cuántas variaciones y propuestas hicimos para modificar la infraestructura que teníamos. La sensación que nos quedó fue que la decisión ya estaba tomada; nunca entendimos para qué nos hicieron presentar una serie de modelos alternativos y variables si el resultado iba a ser el mismo.

—¡Lo siento mucho, señores! — dijo finalmente el vicepresidente con voz autoritaria. — ¡Hay que cerrar el departamento de Mercadeo Masivo!

Las palabras retumbaban en mi cabeza y no podía dar crédito a lo que escuchaba. Estaba seguro de que no había escuchado nada de lo que le propusimos. Las indemnizaciones estaban listas para aquellos que no se podían acomodar en otras posiciones similares. Mi carrera y la de mis colegas había llegado a su fin, por lo menos en Suramericana. Nuestro futuro profesional y el de cientos de empleados era incierto...

Calmados los ánimos, pero todavía estupefacto, solo pude decirle a mis tres compañeros de batalla:

—¡Muchachos, lo único bueno que veo de todo esto es la unión y el fortalecimiento de nosotros cuatro como amigos!

Estaba tratando de manera consciente de verle el lado positivo a una situación que me parecía absurda. Pero lo que dije resultó ser cierto: allí nació una de las amistades más fuertes, entrañables y duraderas que he tenido.

Es curioso ver cómo la adversidad puede unir tanto a las personas si logran pasar juntos por momentos difíciles sin echarse culpas y sin reproches, solo con la finalidad de encontrar una solución. Estos tres compañeros más adelante se convertirían en un gran apoyo, en los amigos del alma, en la familia que elegimos tener.

Regresé a Pereira y empecé a deshacer lo que hasta ese momento había construido con tanto esfuerzo. Con lágrimas en los ojos y la voz entrecortada notifiqué a mi equipo de trabajo que el sueño había muerto. Así lo sentía en aquel momento. No fue una despedida fácil para ninguno.

Entregué las llaves al dueño del edificio que teníamos arrendado, le agradecí su gentileza y salí. Ese mismo día había quedado en encontrarme con el jefe que había tomado la decisión de cerrar nuestra división. No era santo de mi devoción, como es fácil imaginar. Sin embargo, acudí a la cita. Y, curiosamente, ese día se definió mi futuro profesional.

Llegué muy temprano a mi cita con el destino. En una oficina del centro de la ciudad me esperaba Gustavo Adolfo, a quien yo consideraba el villano desde mi papel de víctima.

—¡Siéntese mijo! —fue el recibimiento que me dio, mientras señalaba con la palma de su mano abierta, en un gesto de ofrecimiento, la silla que tenía al frente de la mesa en la sala de juntas.

Entró en materia sin ningún preámbulo:

—¿Usted qué prefiere? —preguntó con una frialdad que se sentía en el aire, al tiempo que me deslizaba sobre la mesa un cheque a mi nombre con una suma de dinero equivalente a seis meses de salario— ¿Recibir este cheque e irse para su casa y parte sin novedad... o quedarse en esta sucursal como director de Ventas?

No me dijo que me tomara mi tiempo para pensarlo, por lo que estaba implícito que tenía que tomar la decisión de inmediato. Hice rápidamente un análisis de la situación: podía regresar a Cali, mi ciudad de crianza, a buscar trabajo tras un fracaso profesional o aceptar un puesto como director de Ventas de un grupo tradicional de asesores de seguros, los mismos que a nivel nacional lo presionaron para que cerrara nuestra división. Ninguna de las dos opciones era verdaderamente atractiva. Sentía que era como escoger entre dos humillaciones: la de volver a casa derrotado o la de quedarme y servir a mi verdugo por dinero.

—Yo estoy donde la empresa me necesite... —respondí con aire desafiante—. Si me necesita aquí, pues aquí me quedo, y si necesitan que me vaya para mi casa, pues me voy...

La verdad, no sé qué buscaba con esa respuesta, pero fue la primera que se me ocurrió. Al jefe al parecer le gustó, pues con un ligero entusiasmo dijo:

—¡Eso es lo que quería oír!

Llamó a su asistente y a quien sería mi nuevo jefe para coordinar el traslado. Tras un rato, salí de la oficina convencido de que su reacción hubiera sido la misma si hubiese sido otra mi elección.

Lleno de rabia y rencor planeé lo que consideré una venganza: decidí quedarme y hacer un trabajo que ya conocía y había hecho años atrás, cuando pasé por Seguros Caribe, pero además lo iba a hacer de manera tan exitosa que iba a conseguir que aquellos que me hicieron la guerra se encariñaran conmigo, y cuando estuvieran más seducidos con mi forma de liderar el equipo me iría repentinamente, sin ninguna razón, solo para dejarles un dolor y un vacío muy grandes.

Finalmente logré exactamente lo que quería: me convertí en su líder, les llegué al corazón, me gané su confianza. ¡Pero qué sorpresa más grande me llevé! Con el tiempo me involucré más de lo que esperaba. Después de convivir con ellos, conocer sus miedos, sus alegrías y sus amores, entendí cuál era el temor que tenían frente al departamento en el que trabajaba antes. Comprendí que en gran medida el error fue nuestro al no promovernos o mostrarnos como un aliado, por eso nos vieron como competencia; aprendí a quererlos como amigos y compañeros de trabajo, conocí sus virtudes y defectos... Tengo que reconocerlo: me enamoré de ellos, caí en mi propia trampa, crecí con ellos y se convirtieron en amigos de verdad; tanto que no fui capaz de cumplir con mi plan y seguí acompañándolos por más tiempo del que pensaba.

REFLEXIÓN

A veces, las personas que consideramos nuestros enemigos en realidad no lo son. Muchas personas reaccionan de acuerdo a su percepción de las circunstancias. En ocasiones se sienten atacadas por nuestras acciones o por lo que decimos y su reacción inconsciente es atacar como mecanismo de defensa.

Solo es cuestión de bajar la guardia y conocer al ser humano que hay detrás de los hechos; así resulta más fácil comunicarnos. Estamos programados para dar por hechas las malas intenciones de los demás y responder con agresividad en vez de esperar lo mejor de las personas con las que interactuamos y confiar en que actúan de buena fe.

Ir por la vida asumiendo que las personas tienen buenas intenciones puede resultar una mejor estrategia que pensar constantemente que están tratando de tomar ventaja de nosotros. Incluso si las personas tratan deliberadamente de lastimarnos o tomar ventaja de nuestra situación, debemos aprender a estar lo suficientemente alerta para no ofendernos ante una agresión y entender que un mal episodio no es suficiente para generalizar. Después de todo son más las personas bien intencionadas que las que van por la vida tratando de hacer daño.

Las personas son un reflejo de lo que llevamos por dentro. Si vivimos de manera temerosa, pensando que están tratando de hacernos daño constantemente, eso será lo que muy seguramente obtendremos. No obstante, esto no debe impedirnos identificar a las personas verdaderamente ruidosas y agresivas.

Toda situación adversa trae escondida una oportunidad y una enseñanza por la cual debemos estar agradecidos. La verdadera sabiduría está en aprender a esperar con paciencia a que se nos revele la bendición que hay detrás de cada desgracia. Incluso podemos aprender a estar agradecidos al darnos cuenta que en los malos momentos fue que pudimos identificar las "falsas amistades" y permanecieron las verdaderas.

El ego nos puede llevar a juzgar casi de inmediato cualquier situación como mala o buena... Solo el tiempo lo dirá.

PREGUNTAS PARA CRECER

¿Cuántas personas te han dado la mano en un momento difícil?

¿En cuántas ocasiones has logrado encontrar personas valiosas en medio de situaciones turbulentas?

"Toda situación adversa trae escondida una oportunidad y una enseñanza por la cual debemos estar agradecidos. La verdadera sabiduría está en aprender a esperar con paciencia a que se nos revele la bendición que hay detrás de cada desgracia".

Buscando una salida

Habían transcurrido varios meses desde el traslado a mi nuevo cargo. Ya toda la conmoción de los cambios en la empresa había cesado y el ambiente en la oficina era de armonía. En casa nos habíamos acostumbrado a la nueva rutina, pero por alguna razón que no podíamos entender sentíamos en el fondo una sensación de insatisfacción, un temor latente a que aquella felicidad fuera pasajera, un mal presagio.

El trabajo, aunque exitoso, ya se había vuelto demasiado rutinario y predecible. Me sentía estancado, así que busqué en otras compañías de seguros del área. Hubiera cambiado de empresa incluso por el mismo dinero o un poco menos con la condición de recuperar el título de gerente; a mi ego le hacía falta eso, como si fuera importante. Sin embargo, por más que traté no pude encontrar nada. Era como si la vida me estuviera diciendo: busca otra salida.

En la parte emocional, Sandra y yo nos sentíamos muy fuertes y consolidados. Como pareja siempre estuvimos unidos y de manera inconsciente siempre aprendimos a enfrentar los problemas sin agredirnos, de manera civilizada y buscando una solución por el bien común. Esta sería una costumbre que nos resultó muy útil más adelante, cuando enfrentamos una crisis de pareja. Como hogar estábamos muy unidos, pero nos hacía falta variedad en el campo familiar. Aunque los amigos que habíamos conseguido eran bastante generosos, no queríamos abusar de su confianza visitándolos con demasiada frecuencia; ya bastante tenían con verme toda la semana en la oficina.

Buscábamos algo que nos sacara de la monotonía y el aburrimiento del fin de semana, pero en Pereira, que era una ciudad pequeña en aquel tiempo, no encontrábamos mucho que hacer más allá de la familia. Solo había un centro comercial donde ir a caminar con los niños cuando no íbamos a Manizales a visitar a mi suegra; ese era prácticamente el único escape que teníamos, y hasta eso se nos estaba volviendo rutina.

Nos habíamos acostumbrado a la variedad que nos ofrecía una ciudad más grande como Cali, donde yo crecí. Sin embargo, ir hasta allá desde Pereira representaba un gasto, pues estaba retirada. Y, además, ya no tenía mucho sentido, pues toda mi familia había emigrado a los Estados Unidos, incluyendo tías y primos. Toda la gente que se reunía el fin de semana en la finca y con la que compartíamos momentos muy agradables se había ido. Tenían razones muy poderosas para marcharse. La crisis económica y la inseguridad en el país crecían a pasos agigantados. Se presentaron secuestros y algunas muertes en la familia que ya no nos permitían las mismas libertades que teníamos antes. La gente hablaba constantemente de lo difíciles que eran los tiempos y comentaban cómo algunos delincuentes habían adoptado la modalidad de secuestrar niños en los supermercados: los maleantes obligaban a los padres a comprar los víveres para que se los entregaran a los plagiarios a cambio de su bebé, mientras estos los acompañaban por toda la tienda con el menor en sus brazos. Nunca supimos si esto sucedía de verdad o era solo una leyenda urbana.

Las noticias mostraban imágenes macabras (cosa que le encanta a la gente) de extorsionistas poniendo un collar bomba alrededor del cuello de una de sus víctimas solo por dinero. La situación se había complicado a tal punto que hasta mi padre, que a sus sesenta y cuatro años hacía tiempo que no trabajaba y vivía de rentas, perdió todo el dinero que había acumulado para su retiro y no tuvo más opción que viajar a Nueva York para volverse a emplear y cotizar las semanas que le faltaban para lograr media pensión en ese país. Era inevitable contagiarse del miedo y el pesimismo que se respiraba en el ambiente, especialmente después de haber vivido dos acontecimientos que realmente me hicieron temer por mi seguridad y la de mi hogar.

El primero de ellos fue una conversación casual que sostuve con un ex agente de seguros, quien años atrás había resultado involucrado en la fuga de un tal Juan Ramón Matta Ballesteros, capo de la mafia. Por entonces trabajaba como guardia penitenciario y por aquel hecho había ido a la cárcel. Había escuchado la historia entre los asesores de mi grupo y recordaba el escándalo que había generado en el país, pero nunca pensé que lo conocería algún día, y mucho menos que una conversación con él me afectaría.

Luego de salir del penal, este personaje quiso regresar a Suramericana a recuperar su puesto, y aunque traté de ayudarlo dadas las "buenas referencias" que daban sus ex compañeros de trabajo, la compañía no lo admitió nuevamente. A pesar de eso, él seguía visitando la oficina con regularidad gracias a la cercana amistad que tenía con sus antiguos colegas, quienes estaban ahora en mi equipo de ventas.

Era casi una tradición quedarnos los viernes en la oficina, después del cierre del día, para conversar y escuchar música con los asesores mientras hablábamos de cualquier tema alrededor de una botella de aguardiente. Aunque no tomo licor, sabía que para ellos era importante y les acolitaba una botella mientras pudiera irme temprano a casa. Ese viernes surgió como tema de conversación la difícil situación por la que atravesaba Colombia y la posibilidad de emigrar a otro país con un mejor futuro.

—¡Yo no tengo ningún afán en irme de este país! —opiné inocentemente para hacer parte de la conversación.

—Pues no, usted no tiene ningún afán de irse porque a usted no le han secuestrado ningún hijo... ¡todavía! —interpeló el ex convicto luego de hacer una incómoda pausa entre las dos últimas palabras de su desafortunada afirmación.

Prosiguió antes de que alguien pudiera decir algo:

—Usted vive en el mejor barrio de Pereira, maneja un carro nuevo y ahí donde está sentado se puede poner "cinco palos" al mes —dijo, haciendo alusión a mi salario—. Su esposa también trabaja y póngale que se gane otro palo y medio... Usted no es un hombre rico, pero lo parece.

Para finalizar, añadió como pensando en voz alta, otra vez con esa incomoda pausa antes de su última frase:

—Puede que usted no tenga veinte millones de pesos para pagar por el secuestro de un hijo... ¡pero se los puede conseguir!

No supe si dijo eso producto del licor o bromeando. Ninguno de los presentes dijo nada. Yo no podía dar crédito a lo que estaba oyendo. Estas palabras venían de una persona a quien no conocía muy bien, solo tenía la referencia de sus antiguos compañeros, quienes lo recomendaban como un excelente vendedor. Realmente me resultaba difícil decir con seguridad cuáles eran las intenciones de este personaje al hacer aquellos comentarios, pero me pareció extraño conociendo sus antecedentes y teniendo en cuenta que apenas me lo habían presentado unas semana atrás

Traté de no prestar mucha atención y preferí pensar que se trataba de una broma de mal gusto. Hasta que pocos días después ocurrió el segundo evento, el que me hizo reflexionar de verdad. Volviendo a casa después de una visita de fin de semana a Manizales para ver a mi suegra, de repente apareció de la nada una moto con dos pasajeros que usaban cascos y trajes oscuros, que nos siguieron por un largo trayecto. Las condiciones de seguridad del país habían generado una ley nacional que prohibía llevar un segundo pasajero en una motocicleta, pues esta era la forma típica de proceder de los sicarios y delincuentes. Los que nos seguían tuvieron muchas oportunidades de adelantarnos y no lo hicieron. Cuando yo aceleraba con la intensión de perderlos, ellos aceleraban y seguían detrás, sin despegarse.

Los nervios se empezaron a apoderar de mí. Me imaginé a aquellos dos sujetos apuntándome con sus armas y obligándome a parar, llevándose a mi esposa o a mis hijos ante mi impotencia para defenderlos, tal como había escuchado en muchos relatos y noticias. Al mismo tiempo, recordé la conversación en mi oficina con aquel nefasto personaje unas semanas atrás...

—Dios mío, que sea solo mi imaginación— oraba mentalmente mientras pensaba cómo podía defenderme si llegaban a atacarme. Incluso llegué a imaginarme embistiéndolos con el carro en el momento que trataran de pasarme y aventándolos por uno de los abismos de aquella carretera montañosa y llena de curvas... Pero afortunadamente no pasó nada de eso. Al llegar al siguiente pueblo los perdí de vista.

Alguien puede creer que fueron imaginaciones mías, producto de ver demasiadas películas de cine. Y a lo mejor tenían razón, pero aquello se parecía mucho a la realidad que estaba viviendo mi amada Colombia. Y la conversación con aquel personaje unas semanas atrás me había dejado una sensación inquietante. Tal vez los de la moto solo querían compañía, pues tenían miedo de ser vistos; o simplemente se arrepintieron. Quizás no fue nada, o a lo mejor fue esa manita que siempre he creído que me ha ayuda desde el cielo. Nunca lo sabremos.

Le comenté el incidente a Sandra cuando llegamos a casa. Ese día nos quedó claro: teníamos que salir del país. La meta: "Gringolandia", como llamábamos en broma a los Estados Unidos.

A pesar de ser ciudadano americano, de tener toda mi familia viviendo allí y de hablar inglés (eso creía yo), jamás había tenido el sueño de emigrar a este país. La gente me sugería constantemente que lo hiciera, me hacían ver que las condiciones estaban dadas, eran perfectas. Muchos de ellos deseaban tener esta posibilidad y les sorprendía que yo no la aprovechara.

—¿A qué voy a ir a Estados Unidos?—replicaba con soberbia—. ¿A comer mierda y a limpiar baños? Eso es lo que hacen los latinos allá. Si a mí me saliera un puesto de gerente o en una multinacional, ¡hasta me iba! Pero si es para eso mejor déjenme aquí donde estoy —argumentaba con la prepotencia y la arrogancia de un ego bien desarrollado como el que se tiene en la inconsciencia. Y agregaba:

—Aquí estoy bien, vivo como un príncipe.

Pero el destino, ¡ay!, siempre te tiene preparadas nuevas lecciones.

REFLEXIÓN

Aprendamos a prestar atención a las señales que a veces nos da la vida y a cuidar nuestras palabras, pues muchas veces decimos cosas por el impulso de la soberbia, la ira, el ego o la falta de consciencia.

Muchas de esas señales están en el día a día, en la cotidianidad de nuestras vidas. En otras ocasiones tenemos que buscarlas en el pasado, en nuestra historia personal, pues en algún momento las hemos recibido y no les hemos prestado atención.

Todos tenemos la oportunidad de mirar atrás y analizar lo que nos ha sucedido con la intención de descubrir la enseñanza oculta tras cada acontecimiento. Algunos eligen mirar al pasado para perpetuarse en su papel de víctimas y solo ven frustraciones y miedos que nunca lograron superar, y todavía se atormentan pensando en cómo debieron ser las cosas y no fueron.

Otros un poco más optimistas miran al pasado y se reconfortan en lo que tuvieron y ya no tienen, pero no pueden salir de ahí. Entonces viven añorando los buenos tiempos y se pierden del presente totalmente. Ese sueño del pasado no les permite desarrollar todo su potencial ni vivir felices el ahora.

También encontramos a los que miran ese pasado y ven cómo lograron superar ciertas dificultades. Eso les permite hacer acopio de fuerzas para enfrentar nuevas situaciones sin banalidades, sin heroísmosególatras, sin necesidad de sentirse superiores a nada ni a nadie. Simplemente van por la vida ayudando a otros que están listos para despertar de la pesadilla en la que han elegido vivir.

PREGUNTAS PARA CRECER

Si quieres encontrar una nueva perspectiva en tu historia y dar el primer paso hacia un cambio consciente en tu crecimiento personal, reflexiona sobre tus respuestas a estas preguntas:

- ¿Qué te dice tu pasado, qué ves realmente en él?
- ¿Cómo está afectando a tu presente y tu futuro?
- ¿Qué vas a hacer al respecto?

"Aprendamos a prestar atención a las señales que a veces nos da la vida y a cuidar nuestras palabras, pues muchas veces decimos cosas por el impulso de la soberbia, la ira, el ego o la falta de consciencia".

TERCERA PARTE
El renacimiento

El terremoto

Me despertaron el ruido y los gritos de mi esposa:

—¡Está temblando, está temblando!

Tardé solo unos segundos en darme cuenta de que era un terremoto. —¡El niño! —exclamé entonces con angustia.

Me refería a Juan Camilo, nuestro hijo, que estaba en el jardín infantil junto a un edificio de más de diez pisos. Temí lo peor y salí de inmediato por él. La destrucción se veía por todas partes. Afortunadamente, la escuela de Juan estaba cerca y no había sufrido ningún daño. Llegué en cuestión de minutos, abracé a mi hijo y sentí un gran alivio en el alma. Luego regresé a casa a dejarlo con Sandra y seguí para la oficina...

Las calles parecían haber sufrido un bombardeo, con casas y edificios completamente derrumbados. El terremoto en Pereira había sido devastador, pero la peor parte se la llevó Armenia, otra ciudad del eje cafetero ubicada cincuenta kilómetros al sur.

Sucedió el 25 de enero de 1999. Apenas había empezado el año y no podíamos ni imaginar en aquel momento todos los cambios que se vendrían. Buscábamos una salida y la vida nos dio exactamente lo que pedimos, solo que, como siempre, lo hizo de una forma que no esperábamos. Eso es lo bueno que tiene: siempre logra sorprendernos.

Recuerdo estar mirando las noticias tras la tragedia, escuchando cómo la gente agrandaba su drama y reclamaba la ayuda del gobierno. El reportaje, en directo, era todo dolor, tristeza y lágrimas. De repente entrevistaron a un transeúnte desprevenido:

—¿Señor, qué le pide usted al gobierno? —preguntó el periodista.

Su respuesta me dejó atónito:

—¡Nada, yo no le pido nada! Estoy agradecido con Dios por haberme permitido compartir mi vida por diez años con una mujer y un hijo maravillosos. La casa no es más que un conjunto de ladrillos y eso se recupera. Mi esposa y mi hijo se han ido y ahora me toca rehacer mi vida, seguir viviendo...

Aquello no podía estar preparado. Eran las palabras de un hombre que acababa de perderlo todo y aun así se encontraba sereno, agradecido y optimista. No pude digerir el resto de sus palabras. De inmediato pensé: ¿Cómo es posible alcanzar ese nivel de grandeza, esa paz y esa tranquilidad, en medio de semejante dolor? ¿Era acaso el *shock* del momento y el hombre estaba delirando?

Ese mensaje me llegó al alma en un momento en que me estaba dejando llevar por el papel de víctima en mi propia historia. Como consecuencia del terremoto, Sandra perdió su trabajo, lo que nos adelantó las vacaciones. Ya habíamos tomado la decisión de viajar a los Estados Unidos. Estábamos preparando el terreno, lo habíamos programado para julio de ese año, pero lo adelantamos para abril, dadas las circunstancias. Íbamos a la Florida, a West Palm Beach, una ciudad ubicada a hora y media en carro al norte de Miami. Visitaríamos a mis padres y mis hermanos. La intención, aparte de descansar, era buscar posibilidades de empleo y, si se daba la oportunidad, volver a Colombia, renunciar y llegar ubicado laboralmente a los Estados Unidos.

Estuvimos un mes entero. El encuentro con la familia fue como en los mejores tiempos, en un ambiente de fiesta y camaradería. Me esforcé por conseguir empleo en la Florida, pero no fue posible. Ya nos habíamos hecho a la idea de continuar en Pereira cuando, dos días antes de la fecha de regreso, sonó el teléfono de la casa de mi papá.

—¿Aló? —contesté por costumbre.

Era Caliche, ese primo loco que hay en casi todas las familias, el que pasó por todos los colegios de la ciudad cuando era estudiante, el más divertido y rumbero. Llamó a saludar...

—¿Entonces qué, primo, qué andás haciendo ahora? —pregunté por curiosidad. Sabía que vivía en Boston, pero no estaba seguro de en qué trabajaba...

—¡Soy gerente de una compañía de envío de paquetes!

Me reí en tono burlesco. Mi primo no era exactamente una persona de corte corporativo, así que pensé que me estaba tomando del pelo...

—¡En serio! —anotó.

Finalmente le creí, especialmente cuando me dijo:

—Es más, creo que ahora están buscando un gerente para Miami, si querés te consigo una entrevista con mi jefe, que está allá. A él le puede interesar tu experiencia como gerente en Colombia.

Por supuesto acepté el ofrecimiento. No podía creer que la persona que menos esperaba que me diera una mano sería quien me ayudaría a concretar algo, y además en el último momento, justo cuando ya estaba resignado a regresarme a Pereira.

Al día siguiente me entrevisté con Jaime Vargas, su jefe, quien me ofreció la oportunidad de abrir una nueva oficina de su negocio, World Parcel Express Service, Inc., en San Francisco. Iba a ser el gerente de una oficina de envío de carga y abrir mercado tal como lo había hecho en Pereira unos años atrás. El ego no me cabía en el cuerpo de la felicidad.

En realidad no tenía ni la más remota idea de lo que estaba aceptando. No conocía bien la empresa ni la naturaleza de su actividad; solo tenía la referencia del primo "loco". Tampoco conocía la magnitud de las distancias y la vida en las diferentes regiones de Estados Unidos. San Francisco no estaba precisamente a la vuelta de la esquina... Pero no me importaba: era la única oportunidad que teníamos de salir de donde estábamos y no la quería desperdiciar.

Así que lo hablé con mi esposa y al final, después de valorar pros y contras, recuerdo que le dije:

—Vamos a encomendarnos a mi Dios y vamos a tomar una decisión de una vez por todas. Solo te pido una cosa: sea cual sea la decisión que tomemos, jamás nos cuestionemos por no haber tomado la otra alternativa, no importa que tan difícil sea la situación que estemos atravesando, así nos estemos comiendo un cable.

Luego añadí, como tratando de reforzar la idea:

—Si nos venimos para Estados Unidos, no quiero escuchar ningún lamento o comentario acerca de lo rico que vivíamos en Pereira. Y viceversa, si nos quedamos en Pereira, tampoco te quiero oír decir: ¿Qué sería de nuestras vidas si nos hubiéramos ido para California? Yo me comprometo a no hacer esos comentarios ni en broma.

Ella asintió y yo continué:

—Nadie nos está obligando a tomar esta decisión. Es nuestra voluntad y tenemos que asumir las consecuencias de nuestros actos.

Y así lo hicimos. Decidimos dejarlo todo y volver a empezar de nuevo en este país, que nos ha abierto las puertas y nos ha traído tantas alegrías, tanto progreso, tanto crecimiento. Aunque, como todo, no ha sido gratis: hemos tenido que pagar el precio...

REFLEXIÓN

Todas las cosas están ligadas entre sí. En ocasiones no podemos entender lo que está pasando; solo el tiempo se encarga de revelarnos cuáles eran sus planes. Cada cosa aparentemente mala envuelve algo bueno para nosotros, una lección, una conexión, algo que eventualmente conspira a nuestro favor.

El terremoto generó la pérdida del trabajo de mi esposa y a su vez nos adelantó el viaje de vacaciones que a la postre resultó en un encuentro con nuestro destino. Pero hay ocasiones en las que nos convertimos en nuestros peores enemigos por las cosas que nos decimos y por estar constantemente dudando de las decisiones que tomamos.

Podemos tomar la decisión acertada, pero el temor a equivocarnos y la duda constante nos pueden hacer más daño que la misma decisión errónea. El problema no es que tomemos una decisión, el problema es que constantemente estamos dejando que la mente deambule sin control en lo que hubiera pasado si hubiéramos tomado la otra alternativa.

Se requiere gran fortaleza, madurez y disciplina para permanecer firmes en la lucha por nuestros sueños, sin dejar que la mente nos distraiga y con el carácter suficiente para no caer en terquedades nocivas y comportamientos destructivos.

PREGUNTAS PARA CRECER

- ¿Todavía te preguntas si alguna decisión que tomaste en el pasado fue la adecuada?
- ¿Hasta cuándo le vas a dar a esa idea el poder para hacerte dudar o temer?
- ¿Qué tiene que pasar para que entiendas que NO has llegado hasta este momento por casualidad?

"Cada cosa aparentemente mala envuelve algo bueno para nosotros, una lección, una conexión, algo que eventualmente conspira a nuestro favor".

¡Plan B!

Llegando de las vacaciones, me reuní con el jefe y le expliqué las razones por las que había decidido marcharme a los Estados Unidos. Luego de comunicárselo al grupo de trabajo, me dio la impresión de que no fueron muchos los sorprendidos ante las razones de mi renuncia. Después de todo, la mayoría de ellos me habían sugerido que sería un buen cambio para nuestra familia dada mi condición de ciudadano americano.

Salí de Pereira el 25 de mayo de 1999. La formación para mi nueva labor tuvo lugar en San Juan de Puerto Rico. Allí se encontraba la operación más exitosa de la empresa; cuando llegué al hotel conocí a otro muchacho colombiano que iba a ser el gerente de Los Ángeles. La oficina de San Juan estaba a cargo de un joven muy hábil que conocía muy bien el negocio; se trataba del hermano de Jaime, el dueño de la compañía, que estaba en Miami. Nos entrenó hasta en el más mínimo detalle.

A los pocos días de empezar la capacitación me notificaron que en vez de ir a San Francisco me iban a enviar a la oficina de Los Ángeles. Luego me preguntaron si estaría dispuesto a asumir la gerencia de Puerto Rico, a lo cual me negué. Días después sugirieron que podría ir a la oficina de Miami y, por último, antes de terminar las dos semanas de formación, me dijeron que habían hecho otros cambios y que la decisión final era enviarme a Boston, justamente para ocupar la oficina de mi primo Caliche, el que me había ayudado a conseguir el puesto, al cual iban a trasladar a Miami. Acepté, pero la conmoción de todos aquellos movimientos me había generado algo de inconformidad.

A Massachusetts llegué inicialmente solo, y al mes siguiente vino mi esposa con lo niños. Gracias a Dios, la familia de Sandra llevaba años en la ciudad y nos tendió la mano. Su apoyo fue fundamental. No tardé mucho en darme cuenta de que no iba a llegar muy lejos con aquella empresa. Las diferencias de criterio y estilo de gestión eran abismales. Estaba acostumbrado a trabajar en grandes corporaciones y preferí retirarme antes de sentir que iba a caer en otro círculo vicioso.

Una vez más hablé con Sandra y tomamos la decisión: teníamos que hacer aquello que sentíamos que era mejor para nosotros. Llamé a mi jefe y le dije:

—Me voy para West Palm Beach en la Florida…

Entiendo que no estuviera muy feliz con la noticia. Me preguntó en un tono algo desafiante:

—¿Qué vas a hacer allá?
—Pues a buscar un plan B —le dije—. A guerrear, a trabajar en lo que sea. A mi no me importa irme a un McDonald's a voltear hamburguesas, el trabajo no es deshonra; pero no aguanto más esta situación.

El poco dinero que trajimos nos sirvió para comprar un carro. Al cabo de dos meses ya estábamos en West Palm Beach. Teníamos bien claro que era allí donde queríamos estar, cerca a mi familia y cerca al mar.

Cuando llegamos, tuvimos que afrontar una nueva realidad. El sueño del gran gerente de multinacional había quedado atrás, Estábamos sin un centavo. Ya no teníamos las comodidades ni el sueldo con que vivíamos en Pereira, ni seguro médico para los niños, ni siquiera empleo. Pero sí teníamos ganas de salir adelante y el apoyo de la familia. Gracias a ellos pudimos conseguir trabajo y un pequeño apartamento. Empezaba una nueva etapa.

REFLEXIÓN

Tocar fondo es a veces lo mejor que nos puede pasar, porque el único camino a partir de ahí es hacia arriba. A veces las cosas no salen como las planeamos y las personas cambian de parecer o no cumplen con su palabra; eso no debe llenarnos de rabia ni debemos tomar la decisión por eso de no confiar jamás en nadie.

No sabemos qué llevó a las personas a actuar de cierta manera o a prometer cosas que no pudieron cumplir. Incluso si esa situación tiene un impacto significativo en nuestras vidas, tenemos que aprender a adaptarnos a cada situación que se nos presenta sin amargura, sin rencores, siempre con la mejor actitud y con nuestro objetivo en la mente, visualizando claramente lo que queremos lograr.

PREGUNTAS PARA CRECER

- ¿Cómo suele ser tu actitud en los momentos de más incertidumbre?
- ¿Podrías describir cuál es tu reacción habitual ante una contrariedad, tanto una sencilla como una compleja?

"Tenemos que aprender a adaptarnos a cada situación que se nos presenta sin amargura, sin rencores, siempre con la mejor actitud y con nuestro objetivo en la mente".

Luchando con el inglés

En pleno septiembre, con temperaturas por encima de los 90°F (cerca de 40° C) y una humedad de esas que hacen que se te pegue la ropa al cuerpo, empecé mi nuevo trabajo al poco tiempo de llegar a la Florida.

—Por favor, preparen un Ford Taurus —decía el altoparlante en un idioma que no entendía. Yo miraba confundido a Kevin, mi compañero de trabajo, y él me señalaba con el dedo el carro que pedían. Había que moverlo del lote y ponerlo bajo la carpa para lavarlo. Allí mi compañero y yo tratábamos de refrescarnos con el rocío del agua de las mangueras mientras alistábamos los carros para los clientes que iban a rentarlos.

Empecé lavando carros y alistándolos para los clientes en Datura Auto Sales & Rentals, el negocio de alquiler de autos propiedad del mismo señor que me había alquilado la casa. También hacía las veces de chofer, llevando y trayendo clientes de los concesionarios o del aeropuerto. Aprovechaba esas oportunidades para practicar el poco inglés que sabía y del que tanto me jactaba en Colombia, dándomelas de gringo.

A veces me arrepentía de iniciar la conversación porque no entendía lo que me decían y quedaba en evidencia si me preguntaban algo. Le pedí a Kevin, mi colega, un joven americano de raza negra, que se tomara la libertad de corregir mi inglés y me enseñara la manera correcta de hablarlo cuando me escuchara diciendo alguna barbaridad. Aunque no tenía un nivel educativo muy alto, se lo tomó bien en serio y trató de ayudarme. Siempre le agradeceré la intención que tuvo.

Lavar carros en pleno verano no era precisamente mi idea del sueño americano, pero sabía que la clave era el idioma. Amparo, mi hermana, que había trabajado en el sector bancario desde que vivía en Nueva York y ahora lo hacía en West Palm Beach, me sugirió que presentara una solicitud de ingreso al Republic Security Bank, el banco donde ella trabajaba. Aunque me gustaba la idea de volver a trabajar en una oficina y en un ambiente empresarial, sentía el idioma como una barrera y no me veía preparado para hacerlo.

—¿Pero qué tanto inglés se necesita para trabajar en un banco? —preguntaba ella—. Solo se necesita contar hasta diez en inglés y saber decir: "Hola, como está, mi nombre es Jimmy, ¿en qué puedo ayudarle?". ¿Usted es capaz de hacer eso o no? —me cuestionaba con cierto tono de reproche y como retándome.

La idea me gustaba y me asustaba a la vez. El trabajo en bancos siempre ha gozado de muy buena reputación y brinda la oportunidad de hacer carrera y ascender. Había aprendido a estar muy seguro de mí mismo, pero en aquel momento me sentía vulnerable. Ya me había sentido frustrado varias veces tratando de hacerme entender y siempre terminaba confundido. Siempre digo medio en broma que pedía una hamburguesa y me enredaban con las papitas.

A pesar del miedo, acepté la propuesta de mi hermana y me presenté. Había aprendido a recitar de memoria una pequeña biografía en inglés que preparé para una clase cuando estaba en el colegio y eso me ayudó a pasar las tres entrevistas que me hicieron para ingresar en el mundo de la banca.

Luego tuve que asistir por dos semanas a un taller de capacitación completamente en inglés. Jamás me había sentido tan fuera de lugar. No entendía ninguna de las bromas que hacía el instructor para hacer más amena la charla. Solo me reía cuando veía que los demás lo hacían y miraba bien alrededor para asegurarme de que no fuera alguna burla o algo sobre mí. Calladito me veía más bonito.

Me resultaba más fácil entender el idioma escrito, así que todas las noches leía en los libros de formación todo lo que nos habían enseñado durante el día. Lo hacía diccionario en mano, pues no teníamos computadora ni existía Google; si me confundía mucho, tenía que llamar a mi hermana para alguna explicación adicional.

La persona a la que sustituí en el puesto de cajero me hizo el traspaso en español. Se trataba de una mujer peruana que se estaba retirando. Eso no ayudó mucho a mi proceso de aprendizaje del nuevo idioma, pero fue muy favorable para la comprensión del uso de las computadoras y del programa. Cuando ya me quedé solo, se paró frente a mí un gringo de pelo largo, rubio, barbado, con aspecto desgarbado, y me dijo algo... No entendí ni una sola palabra. No sabía si estaba perdido, si me estaba atracando o si quería hacer una transacción bancaria; ni siquiera podía distinguir si el idioma en que me habló era inglés. Me quedé petrificado, no pude articular palabra en ningún idioma. La cajera que se sentaba a mi lado intervino, le preguntó un par de cosas, lo atendió y el hombre se marchó.

De inmediato Brenda, mi compañera, se dirigió a mí y de manera muy pausada, pero sin esforzarse por hacerme entender, me explicó de qué se trataba la transacción; a ella la pude entender perfectamente. Me dijo que aquel señor tenía un acento del sur muy marcado, como de Georgia, y que incluso para algunos americanos a veces era difícil entenderlos. Eso me tranquilizó.

Mi segunda interacción con un cliente fue una dulce anciana que venía empujando un carrito del supermercado donde quedaba el banco en que trabajaba. La escena fue similar: no pude entender lo que me decía y nuevamente apareció Brenda, quien me salvó por segunda vez. Por lo menos esta vez entendí cuando dio las gracias y se despidió.

Me sentía mal por no poder atender a los clientes en su idioma y pensaba que el jefe iba a salir en cualquier momento de su oficina a despedirme. De hecho, pensaba que yo en su lugar lo haría después de aquellas primeras interacciones. Esa era la mentalidad y la cultura de mi país. Así que antes de permitir que me fueran a despedir, llamé a mi esposa y le dije convencido:

—¡Voy a renunciar!

—¿Por qué? ¿Qué hiciste?

—¡Nada, no hice nada, precisamente por eso voy a renunciar! —le dije—. No he podido hacer nada, ¡porque yo no hablo inglés! Ya han venido dos personas y no las he podido atender porque no les entendí. ¡Lo mejor es que renuncie antes que me echen de aquí!— concluí, todavía decepcionado y frustrado.

Como una madre reprendiendo al hijo que se queja de su nueva escuela, Sandra me animó a quedarme con un regaño amoroso de esos que a veces nos hacen falta:

—¡No señor, usted no se va para ninguna parte! ¡Si lo van a echar que lo echen!

—Bueno, señora —respondí como niño regañado.

Mi siguiente cliente era hispano e hice la transacción en español. No sé si fue casualidad o suerte, pero después de unas cuantas transacciones seguidas, varias de ellas en mi idioma, noté que el jefe me estaba viendo.

Jairo, un tío de Sandra que es como mi suegro y que nos ayudó mucho en Boston, me dijo una vez, cuando estábamos recién llegados:

—"Parientico", cuando uno viene a vivir a los Estados Unidos es como si uno cayera en un hueco profundo, como en un pozo, y la única forma de salir es trepando por una cuerda que viene de allá arriba...—decía mientras señalaba con el dedo hacia el techo—. Esa cuerda se llama inglés.

Siempre me gustaron los idiomas y pienso que tenía facilidad para ellos, por lo menos no era una de las materias que perdía constantemente en el colegio. Pero solo tenía la base de cualquier estudiante de bachillerato y universidad en Colombia. Sabía que debía hacer algo. Tenía claro que había que aprender inglés y no tenía tiempo de ir a la escuela ni dinero para comprar los cursos rápidos que ofrecían por los medios de comunicación, así que me dediqué a ver televisión con subtítulos y a aprender de memoria los diálogos de varias películas infantiles, repitiendo como un loro cada frase, tratando de imitar la pronunciación, la velocidad y la entonación. Fueron muchas las noches que me trasnoché devolviendo en un VHS (en esa época no teníamos DVD) la cinta una y otra vez hasta memorizar cada escena.

Recuerdo haber visto a Mauricio, uno de los primos de mi esposa en Boston, recitar una película entera mientras la veíamos en su casa. Él había llegado un par de años atrás y ya hablaba el idioma con fluidez. Aunque me pareció muy aburrido ver una película con él así, de pronto pensé que ese podría ser un buen método para aprender. Como en el colegio, cuando los profesores de inglés nos ponían a aprendernos canciones de memoria sin saber lo que decían.

Me tomó por lo menos un año alcanzar un nivel en el que me sintiera cómodo entablando una conversación sin temer la respuesta. No fue nada fácil. Pasé muchas noches despierto hasta la madrugada, memorizando líneas que no tenían nada que ver con mi trabajo, pero que me ayudarían a soltar la lengua y comunicarme con más tranquilidad.

REFLEXIÓN

Así como podemos aprender un idioma extranjero, también tenemos la capacidad de aprender otras nuevas conductas en la vida. Podemos aprender nuevas formas de reaccionar a nuestros temores; solo es cuestión de cambiar la creencia detrás de cada convicción que tenemos. Pero primero debemos identificarla.

Incluso las personas más seguras de sí mismas y preparadas para situaciones extremas sienten algo de miedo cuando se enfrentan a algo desconocido.

El mismo miedo que paraliza al que llamamos cobarde y muere ante una situación de riesgo es el que siente aquel a quien llamamos valiente y decide pelear y enfrentarse a su miedo. La diferencia está en cómo nos programamos para reaccionar ante nuestros temores. Lejos estaba yo de pensar que una pequeña reseña de mi vida aprendida como un loro durante el colegio era la que me iba a abrir las puertas de un nuevo trabajo en este país; pero a la vez, el miedo a que se dieran cuenta de mi "farsa" con el idioma me obligó a buscar la manera de aprenderlo a toda costa.

Debemos vigilar constantemente nuestros pensamientos. La mayoría de las veces nos juzgamos a nosotros mismos con más severidad de la que lo hacen las personas que nos están viendo. Esos juicios son un gran alimento para nuestros miedos y un obstáculo que nos aleja de nuestros sueños.

PREGUNTAS PARA CRECER

Reflexiona y analiza de dónde proviene tu forma de actuar frente a lo que no conoces:

- ¿Es acaso una reacción aprendida?
- Sin importar la respuesta o la justificación que puedas tener, ¿qué puedes hacer para mejorar al respecto?

"*Podemos aprender nuevas formas de reaccionar a nuestros temores; solo es cuestión de cambiar la creencia detrás de cada convicción que tenemos. Pero primero debemos identificarla*".

Limpiando baños

El dinero que ganaba en el banco era suficiente para vivir y pagar los gastos de nuestro hogar, pero no para solicitar un estatus migratorio legal y permanente para mi esposa e hijos. No bastaba con ser ciudadano americano: tenía que demostrar un nivel de ingresos suficiente para que el departamento de inmigración aprobara su residencia. La otra alternativa era pedir un patrocinador, una especie de fiador que certificara que en caso de ser necesario se haría cargo financieramente de mi familia, pero en las condiciones en las que estábamos no queríamos pedirle semejante favor ni siquiera a mis padres.

Así que la primera opción fue conseguir otro trabajo, y lo único que se adaptaba a mi situación era limpiar baños en oficinas por las noches. Eso le dolió bastante al ego de gerente que traía desde Colombia. De inmediato vinieron a mi mente aquellas palabras que pronuncié algún tiempo atrás en Pereira: "¿A qué voy a ir a Estados Unidos, a comer mierda y a limpiar baños? ¡Eso es lo que hacen los latinos allá!". Así que pensé: "Bueno, pues soy latino y ahora estoy 'allá'". La situación era irónica, pero eran más fuertes las ganas de salir adelante y obtener la permanencia legal definitiva para mi familia. Así que me di a la tarea del *part—time*. Una vez terminada mi jornada bancaria alrededor de las siete de la noche salía rápidamente para la casa. Apenas alcanzaba el tiempo para estar un par de horas con mis hijos y salir de nuevo a mi trabajo de limpieza. Muchas veces finalizaba a la madrugada. Afortunadamente, contaba con el apoyo de mi esposa quien decidió acompañarme a hacer el trabajo todo ese tiempo.

Mientras fregaba pisos, lavaba baños, aspiraba corredores y limpiaba oficinas, me visualizaba haciendo una gran carrera en el mundo financiero, soñaba con ser el vicepresidente para América Latina de alguna compañía importante o de alguna entidad financiera que se proyectara hacia ese mercado. Sabía que no me iba a quedar allí toda la vida.

Por un poco más de dos años realicé esas labores, que nunca en la vida había hecho y a las que no estaba acostumbrado. Finalmente no me sirvieron para el propósito económico con que las inicié, pues de todas formas necesité pedirle el favor a mi padre de que fuera el patrocinador económico para el trámite migratorio. Él accedió sin pensarlo dos veces…

Hoy agradezco haber realizado aquella labor porque aprendí a respetar el trabajo físico y a enfocar mis energías en conseguir aquello que quería en lugar de lamentarme por lo que estaba haciendo y en pensar que era "injusto". Jamás me quejé de mi suerte ni puedo decir que me pareció algo traumático. Por el contrario, estuve y estaré muy agradecido por lo que pude aprender acerca de mí mismo con aquella experiencia.

Durante el tiempo que trabajé para el banco aprendí bastante acerca de esta industria y pude mejorar lo suficiente el idioma como para ser llamado por otro banco, el Bank of America, uno de los más grandes y reconocidos del país. Fue allí donde despegó mi carrera, donde realmente tuve la oportunidad de crecer económica y profesionalmente.

Durante un tiempo me sentí pleno, feliz y realizado, pero después de unos años la monotonía se apoderó de mí una vez más. Me vi de nuevo en un círculo vicioso sin darme cuenta de cómo había llegado allí. Entonces traté de buscar una salida. No sabía lo que quería hacer ni dónde quería llegar, solo sabía que no quería estar más en una sucursal bancaria. Cualquier cosa sería mejor que la rutina en la que había entrado.

Y nuevamente la vida me dio lo que pedía.

REFLEXIÓN

He aprendido a aceptar con humildad las lecciones que me ha dado la vida. El ego, la soberbia y la inconsciencia me llevaron a decir insensateces y hacer locuras, pero cuando ha llegado el momento y he tenido que enfrentar una situación de la que hablé mal en el pasado, o repetir determinada situación o encuentro con una persona, lo he hecho asumiendo la responsabilidad de mis actos de manera consciente y tomando las acciones necesarias para llegar a donde he querido llegar y obtener lo que he querido tener, construyendo y aportando a las personas y a mi entorno.

El hecho de saber lo que no te gusta, poder identificar claramente lo que no quieres, no significa que tengas claro lo que sí quieres y lo que te gusta. Por esa razón, muchas veces vamos por la vida tratando de evitar lo que no deseamos en vez de prepararnos para recibir lo que realmente anhelamos.

No importa cuánto esfuerzo pongamos en apartarnos de eso que no deseamos. Mientras pongamos todo nuestro empeño en esa fuerza negativa, estaremos atrayendo más de lo mismo. Si por el contrario, logramos identificar nuestro sueño y luchamos por él, realmente tendremos más posibilidades de conseguirlo. Pero ten cuidado: no dejes nunca que tu miedo a fracasar sea más grande que tu deseo de tener éxito, porque aquello a lo que le pongas toda tu energía será lo que conseguirás.

PREGUNTAS PARA CRECER

Aquello que tanto quieres...

- ¿Por qué o para qué lo quieres?
- ¿Qué fuerza es mayor, el deseo de conseguirlo o el miedo a no lograrlo?
- ¿Qué acciones estás tomando para acercarte a eso que quieres?

"No dejes nunca que tu miedo a fracasar sea más grande que tu deseo de tener éxito, porque aquello a lo que le pongas toda tu energía será lo que conseguirás".

Pobres con dinero

Mi paso por las sucursales bancarias me permitió conocer muy de cerca esta industria y hacer una carrera que algunos podrían considerar brillante hasta ese momento. Sin embargo, algo no se sentía bien dentro de mí. Había alcanzado un punto en el que sabía que tenía que hacer un cambio. Quería hacer algo diferente, no importaba en realidad de qué actividad se tratara. Solo tenía muy claro que quería salir de allí como fuera. Me entrevisté para trabajos en empresas de sectores muy distintos: pinturas para aviones, máquinas para casinos, remolques, servicios de nómina, tarjetas de crédito... Pero nada de eso resultó.

Gracias a la posición de especialista en pequeña y mediana empresa tuve la oportunidad de ayudar a mucha gente y conocer de cerca los factores de éxito de pequeños y medianos empresarios de muchas nacionalidades. El buen desempeño y los buenos contactos me dieron acceso a una posición generalmente reservada para candidatos con la disciplina y conocimiento de un gerente de sucursal, cargo al cual aún no había llegado y tampoco me llamaba la atención, dados los cambios que estaba tomando la industria financiera por esos días; aparte de todo, aceptar el cargo de gerente o subgerente representaba seguir atado a una sucursal bancaria, y yo no quería eso para mí.

—¿Sabes que a mi jefe le gustaría una persona como tú en nuestro equipo...?— me dijo Sandy, una de las ejecutivas que trabajaba en Banca Preferencial, dentro del área de inversiones del banco, cuya oficina quedaba al frente de la mía.

Me llamó la atención y hablamos al respecto. Habíamos desarrollado una buena relación de trabajo e incluso una amistad, pues le refería a ella muchos de mis clientes para que les ayudara con algunos préstamos grandes e inversiones. También pude ayudarle un poco en su proceso de divorcio, que fue bastante traumático para ella... En ese proceso de ayuda ya se dejó entrever lo que más adelante sería mi verdadera pasión.

Acepté el reto de aprender de inversiones, obtuve las licencias de inversión necesarias para ejercer esa labor y llegué a manejar una cartera de clientes muy adinerados. La división de Banca Preferencial era en realidad una especie de banca privada pero en menor proporción. Yo atendía clientes con activos hasta de tres millones de dólares. Tenía una oficina privada con vista al mar en un sector bastante exclusivo de la ciudad. Me sentía el rey del mundo, en la cima. Ya me veía como uno de los más altos ejecutivos de la empresa, tal como lo había visualizado mientras hacía el trabajo de limpieza unos años atrás. Todo me imaginé menos encontrar allí a tantos "pobres con dinero".

Y es que la vida nos da las señales de manera inesperada... Un par de hechos me ayudaron a entender la nueva realidad que estaba viviendo, el mundo de fantasía en el que me había embarcado. El primero fue una reunión con un cliente en mi oficina para discutir algunas alternativas de inversión de su dinero, el cual ascendía aproximadamente a dos millones de dólares.

—¡Pasa, Alberto! —le dije, invitándolo a entrar a mi lujosa oficina. Tenía bastante confianza con él.

—¡Uuuyyyy, güevón! Pero que chimba de oficina... ¡mirá esto! —dijo con su acento caleño mientras se asomaba por la ventana del octavo piso a observar el canal donde quedaba el club de yates. Tomó los binoculares que había en una mesita junto a la ventana y observó por un buen rato. La vista era espectacular...

—Ahora sí me siento volando en primera clase — me dijo en broma. Yo aproveché para hacer la transición a una conversación de negocios, que era la verdadera razón de nuestro encuentro, y le dije en el mismo tono:

—Pues esa es la idea, Alberto, que te sintás bien atendido y hagamos las inversiones acertadas para que podamos comprar tu yate y mirar de allá para acá la oficina. No me dejó terminar la idea...

—¡Cuál yate, con esta pobreza tan hijueputa...! —y añadió: Ojalá yo tuviera con qué comprar una vaina de esas, eso cuesta mucho billete.

Y siguió quejándose de lo difícil que estaban los negocios y de la situación en general. Realmente no presté mucha atención a sus lamentos, simplemente asocié el comentario con algo cultural: me acordé de la época en la que andaba con el Tío, quien se quejaba constantemente por plata a pesar de tener mucha. Pensé que por ser colombiano se lamentaba igual que él y que era algo normal entre la gente de mi país con tanto dinero...

La segunda señal llegó de una manera distinta. Mi línea directa timbró y reconocí el número de una de las sucursales de mi área, de donde recibía muy buenos referidos:

—Hola, Jimmy —saludó el dependiente.

Entendí que debía estar ocupado, pues no estuvo tan efusivo y conversador como de costumbre. Fue directo al grano:

—Te estoy enviando por correo electrónico la información de una clienta que tiene siete millones de dólares en su cuenta corriente hace más de seis meses y quiere ganar mejores intereses.

—Lo acabo de recibir —le dije —¿Está la clienta contigo?

—No —fue su respuesta—, andaba de afán, pero me dijo que la llames al final de la tarde que está muy interesada...

Terminamos nuestra conversación y me di a la tarea de revisar el perfil de mi cliente en la computadora e investigar lo que más pudiera antes de llamarla por primera vez. Es increíble lo que se puede descubrir acerca de una persona solo mirando su actividad bancaria. En esta ocasión se trataba de una señora americana de la isla de Palm Beach que había mantenido por más de seis meses un saldo de siete millones de dólares en una cuenta corriente que no pagaba intereses. Me quedé asombrado y calculé el dinero que habría podido recibir en esos seis meses.

La llamé al final de la tarde y tras una breve y cordial charla, acordamos una cita.

De camino a su casa repasé mentalmente las gráficas, las proyecciones y las diferentes alternativas que le había preparado. Se trataba de una muy buena oportunidad. Había estudiado todos los detalles para que la reunión fuera perfecta. Incluso había analizado y ensayado respuestas a sus posibles objeciones.

La puerta de madera tallada se abrió para dar paso a su silueta, tan elegante como la casa en la que me atendía. El saludo fue cordial y breve, igual que por teléfono, y de inmediato empezamos a hablar de negocios. Me dio la impresión de que no quería socializar mucho:

—Bueno, muéstreme a ver qué es lo que trae usted...

Primero le mostré la cantidad de dinero que había dejado de ganar durante el tiempo que estuvo sin rentar y de inmediato le presenté varias alternativas:

—Una cartera de acciones de riesgo moderado es una opción... —empecé a plantear.

—¡No, no, no, no! —me interrumpió—. ¡A mí de acciones y de la bolsa no me hable absolutamente nada! —dijo muy enfáticamente. Y continuó:

—¡Yo soy pobre! ¡Todo lo que tengo son esos siete millones y tenemos que ser muy cautelosos a la hora de invertir ese dinero, Jimmy!

Me sorprendió su reacción. ¿Cómo podía aquella señora sentirse pobre con tal cantidad de dinero en su cuenta? Mientras ella seguía hablando, como en una película de cine, yo solo veía sus labios moverse en cámara lenta mientras pensaba: "Yo jamás he tenido todo ese dinero, pero tampoco me he sentido tan pobre como se está sintiendo esta mujer". Lo que más me impactó fue la certeza y convicción con que se declaró enfáticamente POBRE. Luego supe que aquel dinero provenía de su divorcio con un hombre cuya fortuna era superior a los cien millones de dólares, por lo que ella estaba acostumbrada a otro nivel de vida. Para ella, vivir con siete millones representaba realmente una gran pobreza si lo comparaba con su vida anterior.

En aquel entonces yo todavía estaba tratando de alcanzar la felicidad como si fuera un destino al que se llega después de conseguir cierta cantidad de dinero y no como lo que ahora creo que es: un camino que se transita, una decisión que tomamos cada día independiente de las circunstancias que nos rodean.

Ese día decidí quitarle al dinero todo el poder que pudiera tener como factor determinante de felicidad en mi vida. Entendí que todo este tiempo había sido muy feliz sin todo el dinero que ella tenía. Que en realidad siempre he sido muy feliz y que no le iba a otorgar a ningún factor externo el poder de controlar mi felicidad.

Finalmente, logré entablar con ella una relación de negocios y hacerle las recomendaciones adecuadas dentro de su zona de comodidad. Tuvimos después una serie de conversaciones que me aportaron muchísimo en mi proceso de crecimiento, y a su vez ella pudo recuperarse emocionalmente de su divorcio.

REFLEXIÓN

Todos tenemos la capacidad de romper el círculo vicioso. Tenemos la capacidad de identificarlo cuando estamos en él y cuando estamos empezando a entrar en uno. El hecho de haber nacido en un hogar rodeado de pobreza y escasez no es impedimento para vivir una vida de riqueza y abundancia. He visto cómo muchas personas logran romper con ese esquema, pero pocos logran superar la pobreza en el plano mental. Son esos "pobres con dinero" que todos conocemos. Tienen dinero, pero sufren como unos condenados, especialmente por el miedo a esa pobreza en que vivieron, y eso hace que no sean conscientes de la riqueza económica que acumularon.

También he visto cómo sucedía todo lo contrario: personas que superan sus condiciones, rompen el ciclo en todos los planos y utilizan sus fortunas para ayudar a los demás. Estas personas tienen claro que su deseo de ser ricos es más grande que su miedo a ser pobres y trabajan arduamente por conseguir aquello que anhelan en vez de evitar lo que tanto temen. En pocas palabras, no es lo mismo trabajar duro para ser rico que para evitar ser pobre.

Este mismo principio se traslada a todos los planos de la vida. Por ejemplo, el hecho de haber vivido muchos años en medio de abusos físicos, mentales y espirituales no quiere decir que se deba permanecer allí; ello no debe ser impedimento para crear un entorno de amor, paz y comprensión.

He visto personas hundirse en las más profundas depresiones culpando a las circunstancias y el entorno en el que vivieron, perpetuando así el círculo vicioso, haciendo miserables a quienes les rodean y causando daño a quienes aman. Son esas personas amargadas que todos conocemos, esas que van por la vida destilando veneno y quejándose de todo, sin darse cuenta de las cosas buenas que la vida les ha dado: hijos sanos e inteli-

gentes, personas dispuestas a darles amor y a acompañarlos en medio de su amargura, etc. Las tienen, pero no las pueden ver.

El miedo, el abuso, el desamor o la soledad los empujó a fundar una familia, a establecer un hogar, pero no lo disfrutan. Sus temores son más fuertes e intensos que sus deseos. Por supuesto, también he visto a otros superar traumas, violaciones, abusos físicos, situaciones realmente aberrantes, y crear espacios llenos de amor y alegría a pesar de las vejaciones que sufrieron anteriormente. Eligieron vivir y disfrutar cada momento de la vida porque entienden este principio.

Así como una infancia pobre no es impedimento para crear una vida rica, una infancia triste no es impedimento para crear una vida feliz. Romper el esquema o seguir en él es siempre una decisión que tomamos, de manera consciente o inconsciente. En otras palabras: tanto si nos damos cuenta como si no, estamos en todo momento siendo víctimas o protagonistas de nuestra historia.

PREGUNTAS PARA CRECER

- ¿Cuál es tu decisión, ser víctima o protagonista de tu historia?

- ¿Eres consciente de cuál de esas posiciones has adoptado a lo largo de tu vida? (Analiza, haz un recuento de los eventos que te han traído hasta este momento).

- ¿Qué opción vas a elegir ahora?

"Así como una infancia pobre no es impedimento para crear una vida rica, una infancia triste no es impedimento para crear una vida feliz. Romper el esquema o seguir en él es siempre una decisión que tomamos, de manera consciente o inconsciente".

En bancarrota pero feliz

Las lágrimas rodaban por mis mejillas mientras miraba por la ventana hacia el canal donde estaba el embarcadero de aquella lujosa oficina. Estaba solo y mentalmente agradecía a Dios por haberme permitido vivir una de las mejores etapas de mi carrera hasta ese momento. La incertidumbre por un futuro incierto ante una situación que yo no había provocado me inquietaba demasiado.

Me sequé el rostro, sonreí como queriendo ponerle buena cara al mal tiempo y salí de aquel lugar. Al fin había llegado el día, mi último día de trabajo, el día en que la división de banca preferencial en la que había trabajado por los últimos tres años cerraba sus puertas. La crisis económica del año 2008 había llevado a una fusión entre Banc of America Investments y Merrill Lynch. Muchos perdieron el empleo en esa transición, entre ellos yo. Unos pocos se quedaron y los reubicaron en otras oficinas.

En el ascensor me encontré a Eric, uno de los antiguos directivos, que me dijo, como queriendo consolarme:

—A la gente buena, le pasan cosas buenas.

Le di las gracias y le deseé buena suerte en su nueva posición. También él estaba afrontando cambios muy fuertes.

Por mi parte, ya me había hecho a la idea de empezar una nueva vida, de hacer algo distinto. Aunque estaba cargado de nostalgia y algo confuso, tenía la ilusión de trabajar con mi amigo y mentor Jaime Jaramillo, Papá Jaime. Terminaríamos la gira de conferencias que habíamos programado y luego me dedicaría a promover sus libros, seminarios y conferencias por todo Estados Unidos. Pero como todo en la vida obedece a un plan divino, las cosas no se dieron: un accidente que casi le cuesta la vida a Papá Jaime tuvo un impacto tremendo no solo en él, sino en mi hogar.

Todos los planes que teníamos se vinieron a pique. Su recuperación tomaría años y la indemnización de mi retiro por el cierre de mi departamento solo duraría unos meses. La crisis económica que afectó al mundo había golpeado bien fuerte nuestras finanzas. En la carrera loca que emprendí por conseguir dinero y hacerme rico cometí muchos errores, entre ellos trabajar muy duro tratando de evitar lo que NO quería en vez de tener una visión muy clara de lo que en realidad quería conseguir. Por eso terminé haciendo las inversiones equivocadas y perdiendo lo poco que habíamos ganado. Fue todo una ilusión. Aceptar que nos habíamos equivocado y declararnos en bancarrota fueron actos duros, pero que nos liberaron y nos permitieron tomar conciencia.

Tuve que volver a empezar de cero, regresar a una sucursal de banco y aceptar las posiciones que no quise unos años atrás. Pero esta vez fue distinto. Esta vez no estaba obnubilado por el ansia de poder, ni por la sed de dinero. Esta vez tenía la genuina intención de servir, de ayudar desde lo más profundo de mi corazón a todas las personas que estuvieran dispuestas a recibir mi ayuda.

Tenía que regresar a cerrar el ciclo, a hacer las cosas de nuevo con una energía distinta, sabiendo a lo que jugaba y con la consciencia de la energía que le estaba imprimiendo en esta ocasión a mis acciones.

Así, empecé de nuevo mi carrera en el sector bancario y en poco tiempo, gracias a la experiencia y al conocimiento que había adquirido, seguí escalando posiciones hasta llegar a la gerencia de una sucursal en uno de los sectores más acaudalados del condado de Palm Beach.

Tuve que cambiar mi relación con el dinero: dejarlo ir y empezar una nueva etapa, sabiendo que ahora la energía que fluía entre los dos era distinta.

Ahora mi felicidad no dependía del dinero. Había aprendido a ser feliz sin él.

REFLEXIÓN

A veces cambiamos de actividad pensando que eso nos traerá la felicidad o tratando de obtener resultados distintos, cuando en realidad solo es necesario cambiar el enfoque de lo que estamos haciendo.

Solo hay dos fuerzas que movilizan el mundo y que están detrás de cada pensamiento que generamos, de cada emoción que sentimos y de cada acción que tomamos. Esas dos fuerzas son el amor y el miedo.

Siempre que actuemos desde el amor, los resultados serán positivos, estarán alineados con aquello que en realidad deseamos y serán constructivos. Por el contrario, si actuamos desde el miedo, el resultado será negativo, en muchos casos doloroso y contrario a aquello que anhelábamos.

Miremos un ejemplo sencillo: ¿Por qué razón arreglas tu casa, porque detestas el desorden o porque te encanta un sitio limpio y organizado? Pongamos que una persona se levanta el fin de semana y encuentra su casa completamente desorganizada; de inmediato y sin pensar mucho decide arreglarla porque "odia" el desorden; ese "odio" por la desorganización puede ser en realidad un temor al qué dirán o a retrasarse para una cita o a que sus hijos se vuelvan personas desordenadas. En cualquier caso, la labor se le hará tediosa. Seguramente la hará refunfuñando y ofendiéndose porque nadie le ayuda. Al terminar probablemente estará jadeante, muy cansada y de mal humor. Si en ese preciso momento alguien le pregunta qué le pasa, seguro que recibirá una lista de quejas por toda la mala energía que esa persona acumuló durante la actividad: lo injusta que es la vida, que nadie le ayuda, que todo le toca a ella sola, etc.

¿Qué podríamos hacer entonces para mejorar esta situación?

Si esta persona, al levantarse y encontrar semejante caos en su casa, simplemente decide hacer una pausa antes de moles-

tarse y elige pensar que "ama" el orden o que le "encanta" una casa bien organizada y limpia, se le hará más fácil formarse una imagen clara de cómo quiere que luzca su casa una vez termine de organizar. Hasta le resultaría más fácil conseguir ayuda de los otros habitantes de la casa. A lo mejor puede poner música o hacer una especie de competición con ellos para hacer la labor más divertida... Las opciones son muchas.

Si la persona imprime la energía del amor por el orden en lugar del odio por el caos, el resultado será una casa radiante, limpia y ordenada, y una gran satisfacción personal. Si en ese momento entra alguien y ve a la persona tan contenta y animada, tal vez le pregunte: "¿Qué hiciste, pintaste la casa, decoraste?". Seguramente le hará un cumplido o le felicitará por la casa tan linda y ordenada que tiene.

Podemos hacer que esto suceda de manera consciente. Es siempre nuestra elección.

PREGUNTAS PARA CRECER

Ahora analiza qué energía le imprimes a otras actividades que realizas a diario:

- *¿Para qué estudias tanto, para pasar el examen o para no perderlo? ¿Cuál crees que será el resultado en cada caso?*

- *¿Para qué te aplicas esa crema todas las noches, por temor a lucir vieja, fea y arrugada o porque te quieres ver joven, linda y tersa?*

- *¿Cuál es la energía que se oculta detrás de corregir o reprender a nuestros hijos: el miedo a que sean unos vagos buenos para nada o el amor por la idea de que sean personas de bien, conscientes y felices?*

Ya sea que nos demos cuenta o no, siempre estamos eligiendo una de estas dos energías en cada pensamiento que tenemos, en cada emoción que sentimos o en cada acción que tomamos.

"A veces cambiamos de actividad pensando que eso nos traerá la felicidad o tratando de obtener resultados distintos, cuando en realidad solo es necesario cambiar el enfoque de lo que estamos haciendo".

La bendición de mi desgracia

Ya habían transcurrido más de cinco años desde que regresé al banco y durante los últimos dos venía reconociendo una vez más que algo no andaba bien, que necesitaba hacer un cambio drástico en mi vida. Una vez más la insatisfacción se estaba apoderando de mí. ¿Qué me estaba pasando? ¿Por qué otra vez esa incertidumbre? El problema no era de dinero, ni de resultados... Entonces, ¿qué era? La respuesta, como siempre, llegó en el momento menos esperado y de la manera más insospechada...

Un día llamé a Sandra para saludarla, como lo hacía regularmente a lo largo del día, y le hablé en tono de queja sobre los muchos cambios que el sector bancario había tenido debido al avance de la tecnología.

—¡Te desconozco! —dijo mi esposa—. Últimamente cada que hablamos por teléfono lo único que haces es quejarte. ¡Tú no eres así! Cuando no es por el personal es por las cuotas de producción o por la puntuación que les dieron, o por los cambios que han hecho o por la auditoría...

Sus palabras quedaron dando vueltas por mi mente alrededor de una semana. Tenía toda la razón. Nunca me he caracterizado por ser una persona quejumbrosa, pero ahora lo estaba haciendo y no me había dado cuenta. Estaba cayendo de nuevo en la inconsciencia. Algo me estaba pasando, así que empecé a observarme de manera más frecuente a través de la respiración y la meditación.

Un día, después de analizarme por un buen rato, me senté a solas y tuve una conversación seria con Él. Miré al cielo y le pedí a Dios que por favor me mostrara el camino, que me ayudara a entender lo que me estaba pasando. ¿Por qué después de más de quince años en este país y de todo el progreso que había experimentado en todos los aspectos de mi vida, me sentía una vez más como si estuviera estancado, igual que en Pereira antes de tomar la decisión de partir?

Un día, de repente, todo empezó a cobrar sentido. Pude ver con absoluta claridad lo que me estaba pasando y cómo todo encajaba en su lugar. Me di cuenta de que en innumerables ocasiones una entrevista con un cliente para tramitar un préstamo bancario terminaba en una sesión de *coaching* y en una relación de amistad y empatía. Algunos habían empezado a sugerirme que me dedicara a escuchar a las personas y verter un poco de luz en sus caminos.

El problema no era que estuviera aburrido con mi trabajo, ni la presión, ni el dinero; ya antes me había sentido así y había salido huyendo de la situación sin saber a dónde iba. Y por eso llegué a donde no esperaba. En realidad, ahora tenía claro lo que quería hacer, a qué quería dedicar mi tiempo: a escuchar y ayudar a los demás. El problema era que me sentía atrapado por las circunstancias y no veía una salida clara. Quería tomar la decisión de retirarme, pero me daba miedo, ¡mucho miedo!

Un día invité a mi esposa a tomar un café, le expliqué lo que me estaba pasando y cómo me sentía. Ella muy pacientemente y con mucho amor me escuchó. Lloramos juntos y finalmente me brindó todo su apoyo. Ese es el amor de mi vida, mi alma gemela: aún con sus temores, sabiendo que podrían venir tiempos muy difíciles a causa del nuevo cambio, se armó de valor y saltó conmigo a la aventura de empezar una nueva carrera. Tengo que darle un especial reconocimiento, porque sin su apoyo incondicional este sueño no habría sido posible o habría sido mucho más difícil para mí.

Dejar de recibir el ingreso fijo al que veníamos acostumbrados era lo más aterrador para ambos en aquel momento. Sin embargo, esta vez era distinto: el amor por el sueño de hacer *coaching* era mayor que el miedo de fracasar. Era una aventura, algo nuevo, y para vivirla tenía que abandonar la falsa sensación de seguridad que me brindaba el cheque quincenal de una gran corporación. Era hora de moverse, de dar el gran salto.

Ya había invertido algo de dinero y mucho tiempo preparándome para tomar la decisión, hasta que llegó el momento en que el deseo de hacer lo que realmente amo fue más grande que el temor de fracasar en el intento. Pensé: "En última instancia, siempre puedo volver a ser empleado y empezar de cero, ya lo hice antes; pero no quiero despertar un día, saber que alcancé la edad de retiro y no luché por lo que realmente quería, por mi independencia".

Sabía que tenía que compartir mi mensaje con los demás. Así, lo que empezó hace muchos años como unas memorias para dejárselas a mis hijos se convirtió en la base para este libro. Detrás estaba la necesidad de compartir con mis amigos y con el mundo con la esperanza de inspirar a algunas personas para romper sus cadenas y liberarse del círculo vicioso en el que ha caído.

Es mi deseo que este libro sirva como testimonio directo de un ser humano común y corriente que ha tenido el valor de afrontar sus miedos y contar su historia. Al terminarlo he entendido que el verdadero llamado de mi vida está en ayudar a los demás de la manera como lo estoy haciendo ahora: escuchando sus historias, compartiendo las mías y aportándole a la gente una perspectiva diferente de la vida frente a los problemas, las relaciones consigo mismos y con los demás. Ayudando a despertar a quien esté listo sin crearle la dependencia que buscan muchos de los métodos de autoayuda que se encuentran en el mercado.

Ahora que puedo mirar atrás me doy cuenta de que mi historia ha sido una constante búsqueda de cosas nuevas para mi vida. Cada nuevo oficio, cada etapa, cada aventura, me distraía solo por un par de años hasta dominar el tema o sentirme lo suficientemente cómodo como para buscar algo nuevo. Solo hay algo en lo que siempre he sido constante y que es el verdadero centro de toda mi pasión: el crecimiento personal y la posibilidad de contribuir a que cada quien encuentre su propio camino y esté cómodo con lo que es o con lo que quiere llegar a ser.

Muchos años atrás vi a alguien ayudar a otra persona que no había sido muy amable con él. Cuando le pregunté por qué lo había hecho me respondió:

—El que no vive para servir, no sirve para vivir.

Esta frase célebre, popularizada por la Madre Teresa de Calcuta, me viene a la mente a menudo desde que he tomado mi nuevo camino.

ÚLTIMA REFLEXIÓN

Me declaro un aprendiz permanente de la vida y del crecimiento personal. Entiendo que mi única responsabilidad en este viaje que llamamos vida es ser feliz y enseñar a otros cómo serlo, en la medida que estén listos y puedan, a su vez, enseñar a otros.

Sé que aún no se ha escrito el último capítulo de mi vida y que es más lo que tengo por aprender que lo que he aprendido. También sé que mi experiencia es única y que cada quien decide cómo quiere experimentarse en la vida. Por eso, te pido que en lugar de creerme, lo experimentes por ti mismo.

Si de verdad quieres cambiar tus circunstancias, si intuyes que deberías hacer algo más, si estás convencido de que tu misión en este mundo es algo totalmente distinto a lo que actualmente haces, te invito a que te armes de valor, a que busques ayuda si es necesario y a que enfrentes ese miedo. Una vez que lo pierdas te sentirás mucho más feliz.

Espero que tu deseo de ser feliz sea siempre mayor que tu miedo a fracasar.

PREGUNTAS PARA CRECER

Todos nacemos con algún nivel de resiliencia, algunos la desarrollan más que otros, conscientes o no, todo hemos sido resilientes. Es importante que hagas ahora un alto y mires en tu pasado para que reconozcas en qué momentos de tu vida has salido fortalecido gracias a la adversidad:

- ¿Cuál fue ese momento de tu vida en que dijiste ¡basta! y dejaste de hacerte la víctima para tomar las riendas de la situación?

- ¿Cuál es ese evento doloroso de un pasado lejano o reciente del que reconoces que saliste fortalecido?

- ¿Cuándo has podido decir después de una dificultad, no hay mal que por bien no venga?

Esos pueden ser algunos momentos en tu vida en los que has sido resiliente, lo cual quiere decir que puedes volver a serlo.

"Entiendo que mi única responsabilidad en este viaje que llamamos vida es ser feliz y enseñar a otros cómo serlo, en la medida que estén listos y puedan, a su vez, enseñar a otros".

Conclusión: Mi trauma favorito

He llegado a la conclusión que todos crecemos con un trauma que termina siendo nuestro trauma favorito, algo así como lo que sucede con las madres, que por más que no quieran reconocerlo siempre tienen un hijo preferido. Algunas muy inteligentemente dicen que su favorito es aquel que está en problemas hasta que sale de ellos, aquel que está ausente hasta que regresa, el que tiene hambre hasta que come, el que está enfermo hasta que sana...

He pasado por muchos traumas favoritos, desde ser el huerfanito de Blanca hasta sentirme un profesional frustrado. Para todos ellos siempre tuve una excusa perfecta. Finalmente entendí que eran solo una creencia, un temor que había alimentado dependiendo de las circunstancias que me rodeaban en ese momento. En otras palabras, mis temores no fueron más que un cuento que me creí y que en ocasiones cargué por mucho tiempo, hasta que entendí que era solo un juego del ego que siempre busca aferrarse a algo para llamar la atención. Es muy fácil caer en el papel de víctima si no estamos atentos a nuestros pensamientos.

¿Y tú? ¿Cuál es tu trauma favorito? Algunos se quejan de que no les dieron nada y otros de que les dieron mucho. Hay quienes sufren porque les dieron muy mal ejemplo durante su infancia y otros porque los protegieron demasiado y no los dejaron exponerse a suficientes peligros en la vida. Como dice un refrán popular: «Palo porque bogas y palo porque no bogas».

No importa cuál ha sido tu situación: casi todas las personas que tienen miedo de enfrentar sus temores tienen una excusa perfecta para alimentar ese "trauma favorito" que traen desde su infancia. A veces es algo "pequeño" a lo que no le dan mucha importancia y en ocasiones son situaciones que los atormentan y no los dejan vivir una vida serena y tranquila. En paz.

Incluso llegan a perpetuar el efecto de este trauma favorito pasándolo a la generación siguiente. Por ejemplo, con mensajes como: "Tú tienes que ser esto porque es tradición en la familia" o "no seas esto porque a mí me obligaron a serlo"… Millones de personas alrededor del mundo ejercen hoy en día actividades completamente opuestas a sus pasiones, ya sea porque no tuvieron la oportunidad de descubrir por sí mismos cuál es su verdadera pasión o porque se sienten condicionados por su entorno. Desde artistas famosos hasta profesionales consagrados. He visto médicos queriendo ser músicos, ingenieros queriendo ser deportistas, hombres y mujeres queriendo ser solteros y solteros añorando tener un hogar al cual llegar cada tarde; ejecutivos deseando pasar más tiempo con sus hijos y otros pensando en el trabajo mientras están con sus hijos… No caigamos en la trampa de querer estar siempre donde no estamos.

Aún estás a tiempo para realizar tus sueños. Libera tu trauma favorito de la prisión de tu mente y déjalo ir. Mi esperanza es que al leer esto, algo haga eco en tu interior y te ayude a soltar de una vez por todas ese trauma que te amarra y que crees tener controlado.

La clave está en ser un observador permanente de nuestras vidas, sustraernos de los hechos como si fuéramos una tercera persona. ¿Has notado qué fácil es a veces darle un consejo a alguien en una situación y lo difícil que nos resulta aplicar ese mismo consejo en nuestra propia vida? Eso es porque tenemos la capacidad de ver el problema del otro sin involucrar nuestras emociones, pues sus excusas no nos duelen. Sus traumas no nos tocan...

En cambio, cuando se trata de nosotros mismos, tenemos siempre una excusa perfecta, un trauma favorito que nos agobia y no nos deja pensar con claridad. Es más fácil ver la paja en el ojo ajeno que la viga en el propio. Sin embargo, puedes hacer contigo mismo lo que haces con los demás: sustraerte de tu propia realidad mediante el proceso de observar los hechos desligados de tus emociones y encontrar una solución a tu problema.

Tu trauma es en realidad una bendición, una ayuda que te está llegando para decirte que debes cambiar algo. Es como una alarma que te alerta de un peligro por tu propio bien. El problema es cuando se convierte en el centro de toda tu atención y entonces crece y crece... Todo aquello a lo que le damos nuestra atención crece y se multiplica. No importa si es bueno o malo para nosotros. Si solo vemos el problema, crecerá. Si solo vemos la solución, crecerá.

Te deseo de todo corazón que tu amor por el triunfo siempre sea más grande que tu miedo al fracaso.

Mi trauma favorito
de Jimmy Gill
Se terminó de imprimir en marzo de 2017
en los talleres de Caza de Libros - Fundaproempresa
(Ciudad de Ibagué, Tolima - Colombia)

www.ingramcontent.com/pod-product-compliance
Lightning Source LLC
Chambersburg PA
CBHW032128160426
43197CB00008B/558